中国式现代化研究丛书
张东刚 刘 伟 总主编

高校主题出版
2022 GAOXIAO ZHUTI CHUBAN

国家安全体系和能力现代化研究

王宏伟◎著

中国人民大学出版社
· 北京 ·

中国式现代化：强国建设、民族复兴的必由之路

历史总是在时代浪潮的涌动中不断前行。只有与历史同步伐、与时代共命运，敢于承担历史责任、勇于承担历史使命，才能赢得光明的未来。2022年10月，习近平总书记在党的二十大报告中庄严宣示："从现在起，中国共产党的中心任务就是团结带领全国各族人民全面建成社会主义现代化强国、实现第二个百年奋斗目标，以中国式现代化全面推进中华民族伟大复兴。"2023年2月，习近平总书记在学习贯彻党的二十大精神研讨班开班式上发表重要讲话进一步强调："概括提出并深入阐述中国式现代化理论，是党的二十大的一个重大理论创新，是科学社会主义的最新重大成果。中国式现代化是我们党领导全国各族人民在长期探索和实践中历经千辛万苦、付出巨大代价取得的重大成果，我们必须倍加珍惜、始终坚持、不断拓展和深化。"习近平总书记围绕以中国式现代化推进中华民族伟大复兴发表的一系列重要讲话，深刻阐述了中国式现代化的一系列重大理论和实践问题，是对中国式现代化理论的极大丰富和发展，具有很强的政治性、理论性、针对性、指导性，对于我们正确理解中国式现代化，全面学习、全面把握、全面落实党的二十大精神，具有十分重要的意义。

现代化是人类社会发展到一定历史阶段的必然产物，是社会基本矛盾运动的必然结果，是人类文明发展进步的显著标志，也是世界各国人民的共同追求。实现现代化是鸦片战争以来中国人民孜孜以求的目标，也是中国社会发展的客观要求。从1840年到1921年的80余年间，无数仁人志士曾为此进行过艰苦卓绝的探索，甚至付出了血的代价，但均未成功。直到中国共产党成立后，中国的现代化才有了先进的领导力量，才找到了正确的前进方向。百余年来，中国共产党团结带领人民进行的一切奋斗都是围绕着实现中华民族伟大复兴这一主题展开的，中国式现代化是党团结带领全国人民实现中华民族伟大复兴的实践形态和基本路径。中国共产党百年奋斗的历史，与实现中华民族伟大复兴的奋斗史是内在统一的，内蕴着中国式现代化的历史逻辑、理论逻辑和实践逻辑。

一个时代有一个时代的主题，一代人有一代人的使命。马克思深刻指出："人们自己创造自己的历史，但是他们并不是随心所欲地创造，并不是在他们自己选定的条件下创造，而是在直接碰到的、既定的、从过去承继下来的条件下创造。"中国式现代化是中国共产党团结带领中国人民一代接着一代长期接续奋斗的结果。在新民主主义革命时期，党团结带领人民浴血奋战、百折不挠，经过北伐战争、土地革命战争、抗日战争、解放战争，推翻帝国主义、封建主义、官僚资本主义三座大山，建立了人民当家作主的新型政治制度，实现了民族独立、人民解放，提出了推进中国式现代化的一系列创造性设想，为实现现代化创造了根本社会条件。在社会主义革命和建设时期，党团结带领人民自力更生、发愤图强，进行社会主义革命，推进社会主义建设，确立社会主义基本制度，完成了中华民族有史以来最广泛而深刻的社会变革，提出并积极推进"四个现代化"的战略目标，建立起独立的比较完整的工业体系和国民经济体系，在实现什么样的现代化、怎样实现现代化的重大问题上作出了宝贵探索，积累了宝贵经验，为现代化建设奠定了根本政治前提和宝贵经验、理论准备、物质基础。在改革开放和社会主义建设新时期，党团结带领人民解放思想、锐意进取，实现了新中国成立以来党的历史上具有深远意义的伟大转折，确立党在社会主义初级阶段的基本路线，坚定不移推进改革开放，开创、坚持、捍卫、发展中国特色社会主义，在深刻总结我国社会主义现代化建设正反两方面经验基础上提出了“中国式现代化”的命题，提出了“建设富强、民主、文明的社会主义现代化国家”的目标，制定了到 21 世纪中叶分三步走、基本实现社会主义现代化的发展战略，让中国大踏步赶上时代，为中国式现代化提供了充满新的活力的体制保证和快速发展的物质条件。进入中国特色社会主义新时代，以习近平同志为核心的党中央团结带领人民自信自强、守正创新，成功推进和拓展了中国式现代化。我们党在认识上不断深化，创立了习近平新时代中国特色社会主义思想，实现了马克思主义中国化时代化新的飞跃，为中国式现代化提供了根本遵循。明确指出中国式现代化是人口规模巨大的现代化、是全体人民共同富裕的现代化、是物质文明和精神文明相协调的现代化、是人与自然和谐共生的现代化、是走和平发展道路的现代化，揭示了中国式现代化的中国特色和科学内涵。在实践基础上形成的中国式现代化，其本质要求是，坚持中国共产党领导，坚持中国特色社会主义，实现高质量发展，发展全过程人民民主，丰富人民精神世界，实现全体人民共同富裕，促进人与自然和谐共生，推动构建人类命运共同体，创造人类文明新形态。习近平总书记强调，在前进道路上，坚持和加强党的全面领导，坚持中国特色社会主义道路，坚持以人民为中心的发展思想，坚持深化改革开放，坚持发扬斗争精神，是全面建设社会主义现代化国家必须牢牢把握的重大原则。中国式现代化理论体系的初步构建，使中国式现代化理论与实践更加清晰、更加科学、更加可感可行。我们党在战略上不断完善，深入实施科教兴国战略、人才强国战略、乡村振兴战略等一系列重大战略，为中国式现代化提供坚实战略支撑。我们党在实践上不断丰富，推进一系列变革性实践、实现一系列突破性进展、取得一系列标志性成果，推动党和国家事业取得历史性成就、发生历史性变革，特别是消除了绝对贫困问题，全面建成小康社会，为中国式现代化提供了更为完善的制度保证、更为坚实的物质基础、更为主动的精神力量。

思想是行动的先导，理论是实践的指南。毛泽东同志深刻指出："自从中国人学会了马克思列宁主义以后，中国人在精神上就由被动转入主动。"中国共产党是为中国人民谋幸福、为中华民族谋复兴的使命型政党，也是由科学社会主义理论武装起来的学习型政党。中国共产党的百年奋斗史，也是马克思主义中国化时代化的历史。正如习近平总书记所指出的："中国共产党为什么能，中国特色社会主义为什么好，归根到底是马克思主义行，是中国化时代化的马克思主义行。"一百多年来，党团结带领人民在中国式现代化道路上推进中华民族伟大复兴，始终以马克思主义为指导，不断实现马克思主义基本原理同中国具体实际和中华优秀传统文化相结合，不断将马克思关于现代社会转型的伟大构想在中国具体化，不断彰显马克思主义现代性思想的时代精神和中华民族的文化性格。可以说，中国式现代化是科学社会主义先进本质与中华优秀传统文化的辩证统一，是根植于中国大地、反映中国人民意愿、适应中国和时代发展进步要求的现代化。中国式现代化理论是中国共产党团结带领人民在百年奋斗历程中的思想理论结晶，揭示了对时代发展规律的真理性认识，涵盖全面建设社会主义现代化强国的指导思想、目标任务、重大原则、领导力量、依靠力量、制度保障、发展道路、发展动力、发展战略、发展步骤、发展方式、发展路径、发展环境、发展机遇以及方法论原则等十分丰富的内容，其中习近平总书记关于中国式现代化的重要论述全面系统地回答了中国式现代化的指导思想、目标任务、基本特征、本质要求、重大原则、发展方向等一系列重大问题，是新时代推进中国式现代化的理论指导和行动指南。

大道之行，壮阔无垠。一百多年来，党团结带领人民百折不挠，砥砺前行，以中国式现代化全面推进中华民族伟大复兴，用几十年时间走过了西方发达国家几百年走过的现代化历程，在经济实力、国防实力、综合国力和国际竞争力等方面均取得巨大成就，国内生产总值稳居世界第二，中华民族伟大复兴展现出灿烂的前景。习近平总书记在庆祝中国共产党成立100周年大会上的讲话中指出："我们坚持和发展中国特色社会主义，推动物质文明、政治文明、精神文明、社会文明、生态文明协调发展，创造了中国式现代化新道路，创造了人类文明新形态。"我们党科学擘画了中国式现代化的蓝图，指明了中国式现代化的性质和方向。党团结带领人民开创和拓展中国式现代化的百年奋斗史，就是全面推进中华民族伟大复兴的历史，也是创造人类文明新形态的历史。伴随着中国人民迎来从站起来、富起来再到强起来的伟大飞跃，我们党推动社会主义物质文明、政治文明、精神文明、社会文明、生态文明协调发展，努力实现中华文明的现代重塑，为实现全体人民共同富裕奠定了坚实的物质基础。中国式现代化是马克思主义中国化时代化的实践场域，深深植根于不断实现创造性转化和创新性发展的中华优秀传统文化，蕴含着独特的世界观、价值观、历史观、文明观、民主观、生态观等，在文明交流互鉴中不断实现综合创新，代表着人类文明进步的发展方向。

从国家蒙辱到国家富强、从人民蒙难到人民安康、从文明蒙尘到文明复兴，体现了近代以来中华民族历经苦难、走向复兴的历史进程，反映了中国社会和人类社会、中华文明和人类文明发展的内在关联和实践逻辑。中国共产党在不同历史时期推进中国式现代化的实践史，激活了中华文明的内生动力，重塑了中华文明的历史主体性，以面向现代化、面向世界、面向未来的思路建设民族的、科学的、大众的社会主义文化，以开阔的世界眼光促进先进文化向文明的实践转化，勾勒了中国共产党百余年来持续塑造人类文明新形态的历史画卷。人类文明新形态是党团结带领人民独立自主地持续探索具有自身特色的革命、建设和改革发展道路的必然结果，是马克思主义现代性思想和世界历史理论同中国具体实际和中华优秀传统文化相结合的产物，是中国共产党百余年来持续推动中国现代化建设实践的结晶。习近平总书记指出："一个国家走向现代化，既要遵循现代化一般规律，更要符合本国实际，具有本国特色。中国式现代化既有各国现代化的共同特征，更有基于自己国情的鲜明特色。"世界上没有放之四海而皆准的现代化标准，我们党领导人民用几十年时间走完了西方发达国家几百年走过的工业化进程，在实践创造中进行文化创造，在世界文明之林中展现了彰显中华文化底蕴的一种文明新形态。这种文明新形态既不同于崇尚资本至上、见物不见人的资本主义文明形态，也不同于苏联东欧传统社会主义的文明模式，是中国共产党对人类文明发展作出的原创性贡献，体现了现代化的中国特色和世界历史发展的统一。

中国式现代化是一项开创性的系统工程，展现了顶层设计与实践探索、战略与策略、守正与创新、效率与公平、活力与秩序、自立自强与对外开放等一系列重大关系。深刻把握这一系列重大关系，要站在真理和道义的制高点上，回答"中华文明向何处去、人类文明向何处去"的重大问题，回答中国之问、世界之问、人民之问、时代之问，不断深化正确理解和大力推进中国式现代化的学理阐释，建构中国自主的知识体系，不断塑造发展新动能新优势，在理论与实践的良性互动中不断推进人类文明新形态和中国式现代化的实践创造。

胸怀千秋伟业，百年只是序章。习近平总书记强调："一个国家、一个民族要振兴，就必须在历史前进的逻辑中前进、在时代发展的潮流中发展。"道路决定命运，旗帜决定方向。今天，我们比历史上任何时期都更接近中华民族伟大复兴的目标，比历史上任何时期都更有信心、有能力实现这个宏伟目标。然而，我们必须清醒地看到，推进中国式现代化，是一项前无古人的开创性事业，必然会遇到各种可以预料和难以预料的风险挑战、艰难险阻甚至惊涛骇浪。因而，坚持运用中国化时代化马克思主义的思想方法和工作方法，坚持目标导向和问题导向相结合，理顺社会主义现代化发展的历史逻辑、理论逻辑、实践逻辑之间的内在关系，全方位、多角度解读中国式现代化从哪来、怎么走、何处去的问题，具有深远的理论价值和重大的现实意义。

作为中国共产党亲手创办的第一所新型正规大学，始终与党同呼吸、共命运，服务党和国家重大战略需要和决策是中国人民大学义不容辞的责任与义务。基于在人文社会科学领域"独树一帜"的学科优势，我们凝聚了一批高水平哲学社会科学研究团队，以习近平新时代中国特色社会主义思想为指导，以中国式现代化的理论与实践为研究对象，组织策划了这套"中国式现代化研究丛书"。"丛书"旨在通过客观深入的解剖，为构建完善中国式现代化体系添砖加瓦，推动更高起点、更高水平、更高层次的改革开放和现代化体系建设，服务于释放更大规模、更加持久、更为广泛的制度红利，激活经济、社会、政治等各个方面良性发展的内生动力，在高质量发展的基础上，促进全面建成社会主义现代化强国和中华民族伟大复兴目标的实现。“丛书”既从宏观上展现了中国式现代化的历史逻辑、理论逻辑和实践逻辑，也从微观上解析了中国社会发展各领域的现代化问题；既深入研究关系中国式现代化和民族复兴的重大问题，又积极探索关系人类前途命运的重大问题；既继承弘扬改革开放和现代化进程中的基本经验，又准确判断中国式现代化的未来发展趋势；既对具有中国特色的国家治理体系和治理能力现代化进行深入总结，又对中国式现代化的未来方向和实现路径提出可行建议。

展望前路，我们要牢牢把握新时代新征程的使命任务，坚持和加强党的全面领导，坚持中国特色社会主义道路，坚持以人民为中心的发展思想，坚持深化改革开放，坚持发扬斗争精神，自信自强、守正创新，踔厉奋发、勇毅前行，在走出一条建设中国特色、世界一流大学的新路上，秉持回答中国之问、彰显中国之理的学术使命，培养堪当民族复兴重任的时代新人，以伟大的历史主动精神为全面建成社会主义现代化强国、实现中华民族伟大复兴作出新的更大贡献！

目　录

第一章

踏上新征程的国家安全现代化

2021年7月1日，在庆祝中国共产党成立100周年大会上，习近平总书记代表党和人民庄严宣告："经过全党全国各族人民持续奋斗，我们实现了第一个百年奋斗目标，在中华大地上全面建成了小康社会，历史性地解决了绝对贫困问题，正在意气风发向着全面建成社会主义现代化强国的第二个百年奋斗目标迈进。"① 在党的二十大报告中，习近平总书记指出："从现在起，中国共产党的中心任务就是团结带领全国各族人民全面建成社会主义现代化强国、实现第二个百年奋斗目标，以中国式现代化全面推进中华民族伟大复兴。"② 在报告中，"安全"一词出现了91处，其中"国家安全"共29处，足以凸显"国家安全是民族复兴的根基，社会稳定是国家强盛的前提"③。

当前，中华民族伟大复兴进入难以逆转的进程，但可以预料和难以预料的风险挑战明显增多。主动塑造、有效维护国家安全是中国式现代化进程中的头等大事。全面建设社会主义现代化国家，实现高质量发展是首要任务。我们必须以高水平安全保障高质量发展。

化者，过程也。抚今追昔，中国共产党始终将维护国家安全作为一项十分重要的工作紧紧抓在手上。踏上新征程，面对错综复杂的国内外形势，中国必须立足中华民族伟大复兴的战略全局和世界百年未有之大变局，准确识变、积极应变、主动求变，努力实现国家安全体系和能力现代化，为新发展格局筑牢安全底线。

---

① 习近平. 在庆祝中国共产党成立100周年大会上的讲话. 北京：人民出版社，2021：2.

② 习近平. 高举中国特色社会主义伟大旗帜 为全面建设社会主义现代化国家而团结奋斗：在中国共产党第二十次全国代表大会上的报告. 人民日报，2022-10-26.

③ 同②.

第一节

有效维护国家安全：百年奋斗征程的不懈追求

2020 年 12 月 11 日，习近平总书记在主持十九届中央政治局第二十六次集体学习时指出，中国共产党诞生于国家内忧外患、民族危难之际，对国家安全的重要性有着刻骨铭心的认识。回顾百年奋斗征程，从成立之日起，中国共产党就把为中国人民谋幸福、为中华民族谋复兴作为矢志不渝的初心和使命，将有效维护国家安全作为一个不懈追求的目标。所谓“现代”，有两重含义：一是指时间上较为晚近，二是指价值上较为时新。而“化”，则是一个不断演变的过程。从这个意义上讲，中国共产党百年奋斗历程就是国家安全体系和能力现代化的过程。

一、新民主主义革命时期的国家安全

作为一个历史悠久的东方大国，中国曾经创造了彪炳史册的灿烂文明，给人类社会的发展做出了难以磨灭的巨大贡献。然而，到了 19 世纪，西方资本主义在全球范围内大肆进行殖民扩张。特别是，自 1840 年鸦片战争后，中国沦为半殖民地半封建国家，成为任列强肆意宰割的一只“羔羊”。无数仁人志士为了拯救苦难深重的中华民族而捐躯喋血，但都以失败而告终。

安全具有明显的二元性，即包括主观和客观两个方面：主观是指人们内在的心理状态，而客观则是指外界的客观环境和状况。二者缺一不可，相互融合构成安全。正如阿诺德·沃尔夫斯所说："安全是一种价值，指的是在客观意义上表明对所获得的价值不存在威胁，在主观意义上则表明不存在所获得的价值会受到攻击的恐惧，其概念较为模糊，很难搞清其确切含义。"[①] 换言之，安全是指客观上不存在环境威胁，同时主观上也不存在心理恐惧。不同时代、不同国家对"国家安全"的界定大相径庭。"如何界定'国家安全'的内涵和外延，通常受到客观因素和主观因素的影响。从客观因素来说，包括国家所处的国际战略环境、国家的发展战略、核心利益的内外威胁、国家能力的大小等。从主观因素来说，包括对威胁的主观感知、认知主体的意识形态和价值观、国民的历史记忆、社会大众的政治情绪等。"[②] 稍有历史常识的人都不会反对这样一个观点：积贫积弱、苦难深重的旧中国毫无国家安全可言。处于半殖民地半封建社会的中国人民深受内忧外患交织之苦，任人欺凌，命运悲惨。

从太平天国运动到戊戌变法、从义和团运动到辛亥革命，近代中国的历史一再表明，旧式的农民战争和软弱的资产阶级都不可能完成反帝反封建的历史任务。解民倒悬的重担落在了中国共产党人的肩上。1921 年，中国共产党的成立如同一道耀眼的闪电，划破沉寂的夜空。这是一件开天辟地的大事，给中华民族带来前所未有的全新希望。自成立之日起，中国共产党就把为中国人民谋幸福、为中华民族谋复兴作为矢志不渝的初心和使

① Arnold Wolfers. National security as an ambiguous symbol. Political science quarterly, 1952 (4).

② 《总体国家安全观干部读本》编委会. 总体国家安全观干部读本. 北京：人民出版社，2016：212.

命并为之不懈奋斗。

习近平总书记指出："为了实现中华民族伟大复兴，中国共产党团结带领中国人民，浴血奋战、百折不挠，创造了新民主主义革命的伟大成就。我们经过北伐战争、土地革命战争、抗日战争、解放战争，以武装的革命反对武装的反革命，推翻帝国主义、封建主义、官僚资本主义三座大山，建立了人民当家作主的中华人民共和国，实现了民族独立、人民解放。新民主主义革命的胜利，彻底结束了旧中国半殖民地半封建社会的历史，彻底结束了旧中国一盘散沙的局面，彻底废除了列强强加给中国的不平等条约和帝国主义在中国的一切特权，为实现中华民族伟大复兴创造了根本社会条件。"① 在新民主主义革命时期，中国共产党尽管处于局部执政状态，但始终把对国家安全的追求体现在艰苦卓绝、救亡图存的伟大斗争中。经过不懈奋斗，中国共产党带领中国人民战胜了国内外反动势力，赢得了民族独立，建立了新中国，实现了"站起来"的梦想，是这一时期有效维护国家安全的最大成果。

二、社会主义革命和建设时期的国家安全

新中国成立以来，党中央对发展和安全高度重视，始终重视维护国家安全工作。在中国这样一个落后的东方大国完成社会主义革命、建成社会主义制度，这是一场深刻的社会变革。在此过程中，中国面临的国家安全形势也发生了巨大变化，驱使中国共产党人为有效维护国家安全继续奋斗。

① 习近平. 在庆祝中国共产党成立100周年大会上的讲话. 北京：人民出版社，2021：4.

二战刚刚结束，美苏两个超级大国就为争夺世界霸权而拉开冷战对抗的序幕。1946 年，美国驻苏联的外交官乔治·凯南向国内发出了一篇长篇电文，史称“乔治·凯南报告”。这份报告提出：布尔什维克具有一种天生的对外部世界的恐惧心理，一贯敌视资本主义世界；苏联会为了追求其安全利益而推行扩张政策；美国要把苏联看作对手，进行遏制。不久，乔治·凯南又发表了一篇颇具影响力的文章《苏联行为的根源》，提出：美国要增强自身实力，使资本主义社会充满活力，同时增加对苏联周边薄弱地区和国家的援助，鼓吹东欧国家独立，鼓励苏联内部的反对力量。如果对苏联实行 10 年、15 年的遏制，其结果可能是苏联“一夜之间就从一个最强的国家，变为一个最弱和最可怜的国家”。后来，美国对苏联的遏制战略与乔治·凯南的思想是密不可分的。在冷战时期，美苏遏制与反遏制的较量主要在欧亚大陆展开，这对中国的国家安全产生了重要的影响。

新中国成立之初，工业基础薄弱，经济建设和国防建设的任务异常繁重。以美国为首的西方发达国家试图将新生的人民政权扼杀在摇篮之中。同时，华东、西南等地区的匪患还没有肃清，国内外反动势力、敌特分子不断捣乱破坏，重大自然灾害频繁发生。能不能克服各种困难、有效维护国家安全、站稳脚跟，新中国面临着异常严峻的考验。

党中央审时度势，在国际上提出三条外交方针：“另起炉灶”、“打扫干净屋子再请客”和“一边倒”。其中，“一边倒”就是指向以苏联为首的社会主义国家“一边倒”。当时，美国在中国周边大肆进行军事部署，推行“战争边缘政策”，扼杀新中国的战略意图十分明显。1954 年，毛泽东对印度总理尼赫鲁说，美国“把防线摆在南朝鲜、台湾、印度支那，这些地方离美国那么远，离我们倒很近。这使得我们很难睡稳觉”[①]。“一边倒”的战略选择旨在联苏抗美。

在20世纪50—60年代，美国在欧亚大陆东、南两个方向对中国构建新月形包围圈，用毛泽东的话来说，就是要在中国人民的头上、腰上和脚上插上三把尖刀。头上的尖刀插在朝鲜，腰上的尖刀插在台湾，脚上的尖刀插在越南[②]。

1950年，美国发动朝鲜战争，将战火烧到了鸭绿江边，对中国的国家安全构成严重的威胁。美国意图以朝鲜为跳板，把战火引到欧亚大陆。新生的中国政权深知唇亡齿寒、户破堂危的道理，派出志愿军入朝作战，将美韩军队赶回北纬38度线以南。

1954年，美国与逃到台湾的国民党当局签订了所谓“共同防御条约”，美国第七舰队游弋在台湾海峡，武力协防台湾，干涉台湾解放，将台湾作为横亘在欧亚大陆东南端的一艘“永不沉没的航空母舰”。

在印度支那，美国利用法国殖民主义扼杀民族解放运动。20世纪50年代初，美国给予法国大笔的援助。后来，法国撤出印度支那后，美国又推行“亚洲人打亚洲人”的政策，在越南南方积极扶植吴庭艳傀儡政权，以迅速填补真空。

1961年，美国发动侵越战争。一开始，战争的主要形式为特种战争。1964年北部湾事件发生后，美国开始对越南采取“南打北炸”策略。1965年，特种战争升级为局部战争。1969年，美国推行战争“越南化”政策。

① 中华人民共和国外交部，中共中央文献研究室．毛泽东外交文选．北京：中央文献出版社，世界知识出版社，1994：165．

② 中共中央文献研究室．毛泽东年谱（一九四九——一九七六）：第1卷．北京：中央文献出版社，2013：230．

美国身陷越战的泥潭，元气大伤，引起国内民众的强烈抗议。美国时任国防部长麦克纳马拉于 1965 年 1 月直言不讳地说，美国在印度支那的战争行动“不是帮助朋友，而是遏制中国”。为了捍卫国家安全，中国政府不得不援助越南抗美。

新中国成立之初，美国迅速围绕欧亚大陆布局，通过一系列同盟关系的构建，围堵中国和苏联：1954 年，杜勒斯把朝鲜、台湾和印度划为抵御中共的三个重要保护地区；扶植日本成为对抗共产主义的基地和“反共经济堡垒”；1951—1955 年，签订美日“安全条约”、美菲“共同防御条约”、美澳新“太平洋安全条约”、美韩“共同防御条约”、美台“共同防御条约”；1954 年，缔结所谓“东南亚集体防务条约”，参加国包括美、英、法、澳、新、菲、泰、巴基斯坦；1955 年，在美国支持下，英国、伊朗、伊拉克、土耳其、巴基斯坦成立了巴格达条约组织。通过以上动作，美国、亚太地区与北约联系起来，给欧亚大陆在东、南、西三个方向打造了一条锁链：东北亚—西太平洋—东南亚—中东—地中海—欧洲—北大西洋。其中，共有 40 多个国家参与。这束缚了苏联霸权主义的全球扩张，也给中国周边安全带来了挑战。

新中国的成立壮大了以苏联为首的社会主义阵营的实力，中苏关系一度处于“蜜月期”。但是，苏联的民族利己主义与大国沙文主义决定了日后的中苏交恶。1956 年，苏共二十大闭幕后，中苏两党围绕对斯大林评价等问题发生严重分歧。1958 年，苏联提出要在中国领土和领海上建立中苏共有共管的长波电台和联合舰队。由于事关主权，提议遭到中国方面的坚决拒绝，中苏矛盾加剧。1960 年，苏联单方面决定立即召回全部在华苏联专家，废除两国经济技术合作的各项协议，催逼中国偿还因抗美援朝所欠债务。

在整个20世纪60年代，中国的安全环境风险极高，同时要应对美苏两个超级大国在欧亚大陆频频发生的军事动作，东西南北四个方面都存在威胁。处于美苏两个超级大国的战略包围中，中国政府提出“两个拳头打人”。

争夺出海口是苏联自沙皇俄国时期就具备的海洋情结的表现。为了打通南下印度洋的通道，苏联在冷战期间不断向印度出售军火。印度在中印边境采取的蚕食政策引发了1962年中印边境自卫反击战。苏联站在印度一方，对中国进行无理的指责。1971年，苏联与印度签订《和平友好合作条约》，给中国的边境安全带来了很大的变数。

在中国的北方，苏联加强与蒙古的军事同盟关系。1963年7月，苏蒙签订《关于苏联帮助蒙古加强南部边界防务的协定》，开始驻军蒙古；1966年，两国又签订了《友好合作互助条约》。在冷战期间，苏联在中苏、中蒙边境派驻重兵，给中国北部造成了严重的安全威胁。

此外，苏联不断在中苏边境制造事端，威胁中国边境地区的稳定。1969年，黑龙江发生珍宝岛事件、新疆发生铁列克提事件，使原本已十分紧张的中苏关系更加恶化。但是，美国陷入越南战争的泥潭，给中国安全形势的改变带来了转机。为了体面地结束越南战争、联华制苏，中美关系在20世纪70年代初随着尼克松访华开始改善。

新中国成立以来，国家安全形势的演变始终受制于中美苏大三角关系。到改革开放前，它经历了三个变化：中苏对美—中对美苏—中美对苏。但是，中美的接近又产生了另外一个连锁反应：中越关系恶化。苏联一向看重越南的战略地理位置。在越南战争期间，苏联给越南提供了大量优质武器和军事援助。中美接近后，苏联利用越南的失落感，开始进一步拉拢越南。

1978 年 11 月，苏越两国签订《友好合作条约》。苏联援助越南，对中国的边境安全构成严重的威胁。由于被抗法、抗美战争胜利冲昏头脑，加之苏联的大力支持，越南开始幻想自己为“世界第三军事强国”，有恃无恐地在中越边境挑衅，打死、打伤我边防军民。此外，在苏联的支持下，越南地区霸权主义野心膨胀，入侵柬埔寨。

在这一时期，我国“国家安全”的主要内涵几乎等同于“军事安全”。当然，以美国为首的西方国家亡我之心不死，念念不忘以“和平演变”促使中国政权性质发生变化。但是，在相对封闭的社会背景下，“和平演变”的威胁相对较小。当然，军事斗争与政治斗争从来都是“孪生兄弟”。因而，我国的国家安全主要是对外的军事安全和与之相伴的政治安全。换言之，这一时期我国的国家安全观主要是传统安全观，它是冷战这一特殊政治历史环境下的产物。

习近平总书记指出：“我们进行社会主义革命，消灭在中国延续几千年的封建剥削压迫制度，确立社会主义基本制度，推进社会主义建设，战胜帝国主义、霸权主义的颠覆破坏和武装挑衅，实现了中华民族有史以来最为广泛而深刻的社会变革，实现了一穷二白、人口众多的东方大国大步迈进社会主义社会的伟大飞跃，为实现中华民族伟大复兴奠定了根本政治前提和制度基础。”① 在社会主义革命和建设时期，我国在美苏两个超级大国的冷战较量氛围中，确立了传统安全观，重点关注军事安全和政治安

---

① 习近平．在庆祝中国共产党成立 100 周年大会上的讲话．北京：人民出版社，2021：5.

全，有效应对了战争威胁与政权颠覆的威胁，维护了国家主权安全和领土完整。

三、改革开放时期的国家安全

1978 年 12 月 18—22 日，中共十一届三中全会举行，作出把党和国家工作中心转移到经济建设上来、实行改革开放的历史性决策。在这一时期，我国所处的国际环境发生重大变化，和平与发展成为世界的两大主题，制约战争的力量不断增长。但是，与此同时，世界各国之间的经济实力、科技实力较量日趋激烈。改革开放后，中国面临的国家安全挑战威胁出现了多样化的特征，维护国家安全的手段、方式更加多元化，传统国家安全观向新国家安全观转变。

1979 年，中美以美国对台“断交、废约、撤军”为前提，正式建立了外交关系。在与美国进行充分沟通后，中国军队有理、有力、有节地开展了对越边境自卫反击作战，沉重地打击了越南的嚣张气焰。但是，中越边境的战事陆陆续续持续到了 20 世纪 80 年代。

同年，苏联入侵阿富汗。阿富汗与新疆地区通过狭窄的瓦罕走廊相连，苏联武装入侵阿富汗对中国西部安全构成威胁，中国政府强烈谴责苏联的入侵行为。美国、巴基斯坦等国也持反对立场。苏联的扩张显得力不从心。在这种背景下，中苏关系开始出现逐渐松动的迹象。1982 年 3 月，苏共中央总书记勃列日涅夫在塔什干发表讲话，释放出改善中苏关系的信号。中国周边的安全压力逐渐变小。1989 年 5 月，中苏本着“结束过去，开辟未来”的精神，实现了两国关系的正常化。

在传统国家安全观下，维护国家安全是为了应对外来侵略和颠覆的危险，核心是维护国家的生存与政权的巩固。传统国家安全观的主要特点包括[①]：一是“国家是安全的最基本主体，一切安全问题都要围绕国家这个核心”；二是“安全要素的内涵较小”，“主要包括军事安全、政治安全、领土和主权安全，拘泥于国土、国民的保护和政治主权的独立完整”；三是“在安全手段方面极为推崇军事手段”；四是“安全的共性不强”，具有对抗性特征。在新中国成立后的半个多世纪中，我国之所以采纳传统国家安全观，其主要原因是外部面临着严重的生存压力，必须立足“大打、早打、打核大战”。

1985 年 3 月 4 日，邓小平在会见日本商工会议所访华团时指出：“现在世界上真正大的问题，带全球性的战略问题，一个是和平问题，一个是经济问题或者说发展问题。和平问题是东西问题，发展问题是南北问题。概括起来，就是东西南北四个字。南北问题是核心问题。”[②] 1987 年党的十三大根据邓小平的论述，确认了“和平与发展是当今世界的两大主题”这一深刻论断。这为我国从传统安全观转向新安全观奠定了基础。

1983 年 6 月 6 日，第六届全国人民代表大会第一次会议上的政府工作报告提出：“我国的社会主义现代化建设，是在复杂的、动荡不安的国际环境中进行的。为了确保国家安全和加强反间谍工作，国务院提请这次大会批准成立国家安全部，以加强对国家安全工作的领导。”[③] 这是党和国家文件中第一次使用了“国家安全”一词。当时，国际上，美苏两个超级大

① 丛鹏．大国安全观比较．北京：时事出版社，2004：13，14．

② 邓小平文选：第 3 卷．北京：人民出版社，1993：105．

③ 中共中央文献研究室．十二大以来重要文献选编：上．北京：人民出版社，1986：351．

国冷战对抗还在进行；在国内，中国刚刚踏上改革开放的征程，新思想、新观念开始萌动。以意识形态划线为基础的国际斗争以及刚刚开启的国门，使得我们将国家安全工作聚焦为情报与反情报、间谍与反间谍。当年成立的国家安全部即专司此项职能的政府部门。国家安全的内涵仅限于国家安全部门的业务。1993 年 2 月 22 日，我国公布并实施了《国家安全法》，服务于国家安全部门的情报与反情报、间谍与反间谍业务，即确保国家秘密安全。

但是，影响国家安全的因素是复杂多样的。国家安全所面临的威胁从传统安全领域向其他安全领域蔓延，不断有问题被“安全化”，非传统安全因素更值得关注。特别是，在冷战结束之后，经济全球化进程提速。各国经济、贸易交往更加密切，人员往来更加频繁。经济与科技实力的较量逐渐取代了军事、政治博弈，成为国际斗争的焦点。此时，安全的内涵与外延出现新的变化：横向上，它从军事、政治领域向经济、文化、科技、生态等多个领域扩张，一些本不属于安全范畴的问题由于“安全化”而被贴上了“安全”的标签；纵向上，安全的主体不再拘泥于国家，人们将对安全关注的焦点从国家安全下移到个体安全、社会安全、公共安全，上移到国际安全、全球安全、人类安全。所谓“安全化”（securitization）是国际关系领域中哥本哈根学派提出来的，指“国际政治行为体把某些事物看作对其指涉对象的一种生存威胁，并要求在处理该威胁时采取紧急和特别的措施。简单地说，‘安全化’就是把本来不属于安全的问题界定为安全问题”①。

---

① 赵远良，主父笑飞. 非传统安全与中国外交新战略. 北京：中国社会科学出版社，2011：46.

在经济全球化时代，以军事、政治安全为主的国家安全概念的局限性开始显现。许多跨国性、全球性问题需要各国合作、共同治理。从 20 世纪 90 年代中期开始，我国国家安全的内容更加丰富，军事、政治之外的安全，即“非传统安全”日益受到关注。

1995 年，在东盟地区论坛上，中国提出了新的安全理念，在后来的实践中经过发展和完善，形成了中国对外战略的核心内容。1997 年，党的十五大报告中首次提到了“国家经济安全”。

2002 年 7 月 31 日，中国政府在东盟地区论坛外长会议上发布《中国关于新安全观的立场文件》。中国提出如下四点主张：第一，用更广阔的视野审视安全，维护世界和平稳定；第二，用更全面的观点看待发展，促进共同繁荣；第三，用更开放的态度开展合作，推动互利共赢；第四，用更宽广的胸襟相互包容，实现和谐共处。中国认为，新安全观的核心是互信、互利、平等、协作；新安全观的实质是“超越单方面安全范畴，以互利合作寻求共同安全”①。同年 11 月，党的十六大报告中提出了“树立互信、互利、平等和协作的新安全观”。

2009 年 9 月 23 日，中国领导人在第 64 届联大一般性辩论时的讲话中阐述了“互信、互利、平等、协作”的新安全观，提出既要维护本国安全，又要尊重别国安全关切，促进人类共同安全。安全不是孤立的、零和的、绝对的。

2011 年 9 月 6 日，国务院新闻办发布《中国的和平发展》白皮书，提

---

① 中国关于新安全观的立场文件.（2002－08－06）. https：//www. mfa. gov. cn/web/ziliao_674904/tytj_674911/200208/t20020806_7948180. shtml.

出："中国倡导互信、互利、平等、协作的新安全观，寻求实现综合安全、共同安全、合作安全。"首先，注重综合安全。"在新的历史条件下，传统安全威胁和非传统安全威胁相互交织，安全内涵扩展到更多领域。国际社会需要强化综合安全观念，坚持综合施策、标本兼治，携手应对人类面临的多样化安全挑战。"其次，追求共同安全。"在经济全球化条件下各国命运休戚与共，国际社会应增强共同安全意识，既要维护本国安全，又要尊重别国安全关切。要摒弃冷战思维和同盟对抗，通过多边合作维护共同安全，协力防止冲突和战争。充分发挥联合国在维护世界和平与安全方面的作用，建立公平有效的共同安全机制。"再次，促进合作安全。"战争和对抗只会导致以暴易暴的恶性循环，对话和谈判是解决争端的唯一有效和可靠途径。要以合作谋和平、以合作保安全、以合作化干戈、以合作促和谐，反对动辄使用武力或以武力相威胁。"① 与传统国家安全观相比，其主要"新"在以下三个方面：第一，安全领域的多样化。新安全观强调安全的综合性，关注的领域从政治、军事领域转向经济、社会、文化、环境、资源、信息等多个领域。第二，安全目标的共赢性。新安全观寻求的是各国互利共赢的共同安全，摒弃的是传统安全观下的零和博弈思维。第三，安全手段的合作性。新安全观倡导以合作而非对抗的方式谋求安全。

在这一时期，正如习近平总书记所说："为了实现中华民族伟大复兴，中国共产党团结带领中国人民，解放思想、锐意进取，创造了改革开放和

① 《中国的和平发展》白皮书（全文）.（2011－09－06）. http：//www. scio. gov. cn/ztk/dtzt/58/3/Document/999959/999959. htm.

社会主义现代化建设的伟大成就。我们实现新中国成立以来党的历史上具有深远意义的伟大转折，确立党在社会主义初级阶段的基本路线，坚定不移推进改革开放，战胜来自各方面的风险挑战，开创、坚持、捍卫、发展中国特色社会主义，实现了从高度集中的计划经济体制到充满活力的社会主义市场经济体制、从封闭半封闭到全方位开放的历史性转变，实现了从生产力相对落后的状况到经济总量跃居世界第二的历史性突破，实现了人民生活从温饱不足到总体小康、奔向全面小康的历史性跨越，为实现中华民族伟大复兴提供了充满新的活力的体制保证和快速发展的物质条件。”①中国根据国内外形势发生的新变化，第一次建立了国家安全专业机构，并以新安全观替代了传统安全观，非传统安全威胁受到了格外关注，实现了对国家安全认识的新飞跃。

四、走进新时代的国家安全

习近平总书记指出：“党的十八大以来，中国特色社会主义进入新时代，我们坚持和加强党的全面领导，统筹推进‘五位一体’总体布局、协调推进‘四个全面’战略布局，坚持和完善中国特色社会主义制度、推进国家治理体系和治理能力现代化，坚持依规治党、形成比较完善的党内法规体系，战胜一系列重大风险挑战，实现第一个百年奋斗目标，明确实现第二个百年奋斗目标的战略安排，党和国家事业取得历史性成就、发生历史性变革，为实现中华民族伟大复兴提供了更为完善的制度保证、更为坚

---

① 习近平．在庆祝中国共产党成立100周年大会上的讲话．北京：人民出版社，2021：5－6．

实的物质基础、更为主动的精神力量。”[1] 新时代开辟了国家安全工作的新境界、新格局。

党的十八大后，以习近平同志为核心的党中央针对国内外安全形势的变化，提出了总体国家安全观。国家安全不再局限于对外安全，同时也包括对内安全。不仅如此，国家不再是一个死板、僵化的地域概念，也不再抽象地与“政府”画等号。公众作为国家的核心构成要素，成了国家安全的核心。总体国家安全观强调，以人民安全为宗旨。而人民的安全可以超越对内与对外、传统与非传统的界限。这赋予了国家安全内外兼修的内涵，并把全球治理与国家治理、公共治理打通。在这个意义上，今天的非传统安全完全可以被称为“非传统国家安全”。

总体国家安全观的提出是为了因应经济全球化所带来的新安全挑战，也是为了解决后工业化社会所发生的复杂性安全问题。我国正处于工业化社会向后工业化社会转型时期。工业化社会的安全风险是低度复杂、低度不确定的，而后工业化社会的安全风险则是高度复杂、高度不确定的。随着高新技术特别是信息技术的推广和应用，经济全球化进程不断加快，人类社会各个系统紧密关联、耦合，复杂、不确定的系统性风险与危机发生的概率越来越大。风险与危机的影响是跨界的，包括跨越功能的边界和地理的边界，对原有的国家安全管理理念提出挑战。

来自内部安全和外部安全、国土安全和国民安全、传统安全和非传统安全、生存安全和发展安全、自身安全和共同安全的风险交织、叠加、交互作用，从整体上对国家安全构成前所未有的全新挑战。系统性的风险与

① 习近平．在庆祝中国共产党成立 100 周年大会上的讲话．北京：人民出版社，2021：6－7.

危机必须以系统性的思维和方式加以应对和解决。总体国家安全观正体现了这一思想。新时代的国家安全是大国家安全，要求我们必须以系统性思维审视国家安全问题。

习近平总书记指出："当前我国国家安全内涵和外延比历史上任何时候都要丰富，时空领域比历史上任何时候都要宽广，内外因素比历史上任何时候都要复杂。"[①] 在这种形势之下，国家安全工作不能面面俱到。总体国家安全观是整体国家安全观，不是"综合"或"复合"国家安全观。它高瞻远瞩、提纲挈领，为总体国家安全体制、法制建设提供了重要的战略指导思想，有利于我国提升复杂性、系统性国家安全问题的解决和危机应对能力。

习近平总书记强调，时代是出卷人，我们是答卷人，人民是阅卷人[②]。总体国家安全观的提出有着深厚的时代背景：从人类历史发展的大阶段上看，人类正在迈向后工业化社会；从我国社会发展来看，中国进入新时代后，我国面临的国家安全形势更加错综复杂。踏上新征程，中华民族伟大复兴战略全局与世界百年未有之大变局的相互交织，使得维护国家安全的使命更加光荣、任务更加艰巨。中国国家安全体系和能力现代化必须立足"两个大局"，统筹发展和安全，为民族复兴梦想筑牢安全防线。

---

① 习近平主持召开中央国家安全委员会第一次会议强调 坚持总体国家安全观 走中国特色国家安全道路. 人民日报，2014-04-16.

② 中共中央宣传部，中央广播电视总台. 平"语"近人：习近平总书记用典. 北京：人民出版社，2019：19.

第二节
百年未有之大变局：国家安全现代化的国际背景

国际环境是影响国家安全观的一个重要变量。当今世界正处于大变革、大转型、大调整时期，新机遇与新挑战层出不穷。2017 年 12 月，习近平总书记接见回国参加驻外使节工作会议的全体使节时指出，放眼世界，我们面对的是百年未有之大变局。2020 年初，新冠肺炎疫情在全球暴发、蔓延，东方之治与西方之乱形成鲜明的对比，又加速了百年未有之大变局的演进。我国国家安全面临的国际环境日趋复杂多变，必须以全新的视角加以审视、以全新的方法予以应对，把握机遇，迎接风险挑战，走出一条具有中国特色的国家安全道路。

一、国际经济环境的变化

随着人类社会生产力水平的不断提高，在以计算机技术为基础的信息革命的催化作用下，人类的交往方式突破了传统的时空局限，加快了经济全球化的进程。在经济方面，国际合作与区域合作的加强、国家之间相互依存程度的加深成为遏制世界大战的重要因素。“这个世界，各国相互联系、相互依存的程度空前加深，人类生活在同一个地球村里，生活在历史和现实交汇的同一个时空里，越来越成为你中有我、我中有你的命运共同体。”[①] 的确，经济全球化时代的许多全球性问题需要世界各国以协商和合作的方式共同加以解决。

然而，人类远没有实现天下大同，更没有摆脱贫穷、危机和战乱的困扰。在经济全球化快速发展进程中，对人类和平与发展提出严峻挑战的不安全、不稳定因素不断增加，导致了国际局势的动荡，也对国家安全构成严峻的挑战。

从本质上看，目前的经济全球化是资本的全球化。在经济全球化进程中，发达国家占据了主导地位，试图将资本主义生产关系的触角伸向全球的各个角落。这决定了经济全球化必然是一个充满矛盾与冲突的过程。在经济全球化背景下，西方国家以军事力量为后盾，推行经济新自由主义政策，实现资本的全球扩张。

当前的经济全球化加剧了各种矛盾和冲突，使国际局势中不安全、不稳定因素日益突出，特别是对发展中国家的经济安全构成严重威胁。“金融战争”“贸易战争”“资源战争”“粮食战争”等新名词的大量涌现，就从一个侧面说明了这个问题。西方国家所主导的经济全球化是由新自由主义驱动的，代表着垄断资本的扩张要求。2008 年，全球经济危机的爆发宣告了新自由主义经济神话的破产。以中国为代表的发展中国家要善于在经济全球化进程中避险求强，善于在冲突与合作中把握平衡，用斗争而不是妥协来求得合作，争取参与制定经济全球化的游戏规则，推动经济全球化向公平、正义、合理、可控的方向发展。当然，斗争也包括军事斗争的含

---

① 习近平．习近平谈治国理政．北京：外文出版社，2014：272.

义。“在战争上得不到的，休想在谈判桌上得到”，这句话今天依然有其存在的意义。

经济全球化的快速发展将人类联结成一个命运共同体。2016 年 7 月 7 日，在会见联合国秘书长潘基文时，习近平说：“多样性是世界前进的动力和源泉，各国必须走适合本国国情的发展道路。经济全球化既带来机遇和繁荣，也带来挑战和麻烦，需要加强全球治理，致力于打造人类命运共同体。”[①] 中国提出的全球治理方案有助于世界政治经济秩序朝着公正、合理的方向发展。

但是，以美国为首的西方发达国家逆全球化潮流而动，试图推行贸易保护主义，维系不公正、不合理的世界中心—边缘结构。新冠肺炎疫情在全球蔓延后，美国政府从反智立场出发，不断将疫情政治化，自身陷入疫情—经济—种族三重危机，并不断嫁祸于中国。未来，随着中国经济的快速复苏和发展，美国将产生更深的战略焦虑，并将不时采取各种手段对中国进行围堵和打压。这为中华民族伟大复兴进程增添了很大的麻烦和干扰。为了应对风险和挑战，中共十九届五中全会《关于制定国民经济和社会发展第十四个五年规划和二〇三五年远景目标的建议》提出构建以国内大循环为主体、国内国际双循环相互促进的新发展格局。国内大循环是大国的“标配”。但是，“国内大循环绝不是自我封闭、自给自足，也不是各地区的小循环，更不可能什么都自己做，放弃国际分工与合作。要坚持开放合作的双循环，通过强化开放合作，更加紧密地同世界经济联系互动，

① 习近平会见联合国秘书长潘基文. 人民日报，2016-07-08.

提升国内大循环的效率和水平”①。

二、国际政治环境的变化

冷战结束后，随着两极格局的瓦解，世界格局多极化成为一个不可逆转的趋势。但是，多极化是一个过程。格局是静态的，多极化是动态的。世界不可能一日无格局。当前的世界力量对比可以用“一超多强”来描述。“一超”，就是指美国；“多强”，是指中国、俄罗斯、欧盟、日本等大国或国家集团。当前的世界格局可以用“单极—多元”来定位。它是世界格局从单极向多极转变的过渡态。

作为世界上唯一的超级大国，美国推行新霸权主义，试图构建由自己全方位主导的单极世界。“9·11”事件发生后，美国借反恐谋求世界霸权，新帝国主义的色彩愈加浓重。从本质上看，新帝国主义是新霸权主义的变种与延伸。

但是，美国追求单极世界是受到诸多因素制约的。经济全球化给美国带来了巨大的经济利益，也为美国的单极梦想增添了牵制性因素。从世界的发展、人心的向背、美国的实力等方面看，世界多极化都是一个不可逆转的历史潮流。目前，多极与单极之间的力量还不对称，原因是世界还没有形成联合反霸的局面，容易被美国各个击破。一方面，除美国之外的世界其他国家之间也存在着比较大的矛盾和分歧，暂时还不能形成一股共同抵制单极化的合力；另一方面，独霸世界是美国根深蒂固的战略企图，世界其他国家又不甘于蜷缩在美国霸权的阴影之下。因此，单极与多极的较

① 刘鹤．加快构建以国内大循环为主体、国内国际双循环相互促进的新发展格局//本书编写组．党的十九届五中全会《建议》学习辅导百问．北京：学习出版社，党建读物出版社，2020：48.

量将会持续下去。多极化将是一个长期、曲折的过程。

2003 年 10 月，高盛公司在全球经济报告中预言，巴西、俄罗斯、印度、中国等“金砖四国”[①] 将于 2050 年统领世界经济风骚。2008 年全球经济危机爆发以来，美国的经济实力进一步衰落。《2025 年全球趋势：转型的世界》认为：“美国主导的单极世界将让位于多极世界。中国与印度在经济上将取代西方七国集团。美国的传统盟友——欧洲和日本也因人口老龄化问题而在保持经济增长方面面临挑战。”[②] 到 2025 年，导致美国霸权相对衰落的原因有二：一是中国、印度、俄罗斯等新兴大国将会发挥更大的作用；二是美国存在着某些经济、金融和国内政治制约因素，销蚀美国的能力。例如，美元的衰落会使得美国很难在实现雄心勃勃的外交政策目标及支持这些目标的高额国内成本之间进行权衡[③]。由于深陷阿富汗与伊拉克两场战争的泥潭，奥巴马政府执政后，美国不得不在全球进行战略收缩。2009 年 4 月 22 日，在于伦敦召开的 G20 峰会上，奥巴马承认美国不能承担全球经济复苏的重任，中国、印度与其他新兴市场国家应该成为“全球经济复苏的引擎”[④]。这些都证明了多极化进程是不可逆转的，而且将呈现出加速的趋势。

可见，世界多极化进程是不可阻挡的。习近平总书记说：“前途是光明的，道路是曲折的。车尔尼雪夫斯基曾经写到：‘历史的道路不是涅瓦大街上的人行道，它完全是在田野中前进的，有时穿过尘埃，有时穿过泥

---

① 后加上南非，成为“金砖五国”。

② Mathew J. Burrows，Jennifer Harris. Revisiting the future：geopolitical effects of the financial crisis. The Washington quarterly，2009（4）.

③ National Intelligence Council（NIC）. Global trends 2025：a transformed world，2008（9）.

④ Christopher Layne. The waning of US hegemony-myth or reality?，International security，2009（1）.

泞，有时横渡沼泽，有时行经丛林。’人类社会发展的历史证明，无论会遇到什么样的曲折，历史都总是按照自己的规律向前发展，没有任何力量能够阻挡历史前进的车轮。”[①] 国家无论大小、贫富、强弱，都是国际社会的平等成员；各国的事情要由各国人民自己决定，世界上的事情要由各国平等协商。这是世界人民的共同心愿，也是世界多极化进程发展的方向。世界多极化有利于世界各国实现国际关系的民主化、共同主导国际事务，有利于削弱霸权主义和强权政治，有利于建立国际政治经济新秩序，进而引导经济全球化向平等、公正、合理、可控的方向发展，使经济全球化造福于人类。同时，多种力量和谐并存、共同进步有利于世界的和平、稳定与发展。

未来，美国新霸权主义仍将是中国和平发展所面临的一个巨大挑战。奉行新霸权主义的美国千方百计遏制中国的战略崛起，阻挠世界多极化进程。新冠肺炎疫情发生后，美国在国际上不断扮演“麻烦的制造者”的角色，频频毁约、“退群”、断链，表现出极端的单边主义倾向。

在国际上，中国在积极参与经济全球化、奉行对外开放政策的过程中，推动世界多极化和国际关系的民主化，为构建和谐世界、打造人类命运共同体做出贡献。在国内，中国处理好国防建设与经济建设的关系，提升国家的经济实力，提高人民生活水平，充分发挥社会主义制度的优越性，增强民族凝聚力，同时搞好军队与国防现代化建设，提高以实力求和平、以武力慑止战争的能力。

---

① 习近平．习近平谈治国理政．北京：外文出版社，2014：272－273．

三、国际军事环境的变化

冷战结束后，和平与发展取代战争与革命，成为时代的主题。世界主要国家之间的较量主要表现为科技实力、经济实力与综合国力的角逐。但是，这并没有削弱军事作为兜底性力量的作用。特别是，以美国为首的西方发达国家发动了海湾战争、科索沃战争、阿富汗战争、伊拉克战争等高技术局部战争。只要霸权主义与强权政治依然存在，战争就始终是人类心头一道挥之不去的魔影。

但是，随着时代的变迁，战争形态的确发生了重要的变化。20 世纪 90 年代以来，以信息为基因的世界新军事变革推动着战争形态从工业化时代的机械化战争向信息化时代的信息化战争转变。西方发达国家在世界新军事变革中捷足先登，占据了优势地位，形成了与其他国家在军事上的“时代差”。为了赶超世界新军事变革的浪潮，中国加强国防与军队现代化建设，走一条机械化与信息化建设同时发展的复合式道路，即：以机械化为基础，用机械化推动信息化；以信息化为主导，用信息化带动机械化。

进入新时代后，由于新一轮科技革命和军事革命发展迅猛，习近平总书记敏锐地捕捉到现代战争智能化的发展新趋势，高瞻远瞩地提出坚持以机械化为基础、信息化为主导、智能化为方向，实现“三化”的梯次发展和有机融合。

强国梦与强军梦是相统一的，但强国必先强军。2012 年 12 月，习近平在广州战区考察工作时强调：“坚持以军事斗争准备为龙头带动现代化建设，全面提高部队以打赢信息化条件下局部战争能力为核心的完成多样化军事任务能力。”[①] 能打仗、打胜仗今天依旧是中国军队最核心的任务。

新军事变革给我国国防与军队现代化建设提出了严峻的挑战，也带来了难得的发展机遇。如果不能有效地推动有中国特色的新军事变革，我们与世界军事强国之间的国防实力差距将会被进一步拉大，国家安全将会面临严重的威胁；如果我们抓住了新军事变革的机遇，我们就有可能实现“后发效应”，在增强国家整体经济实力的同时，实现国防与军队现代化建设的跨越式发展。关键的问题就在于我们是否能够解放思想、开拓创新，摸准新军事革命变革的脉搏，探索未来战争发展的走势，并实现国防工业的军民一体化，以快速发展的民用高技术特别是信息化、智能化高技术带动武器装备发展的跨越，这关系着国防建设与经济建设的协调发展。

四、国际安全环境的变化

进入新世纪以来，影响国际安全、国家安全与公共安全的不确定、不稳定因素逐渐增多。一方面，武装冲突与局部战争接连不断；另一方面，人类进入风险社会，各类公共危机频繁发生，非传统安全威胁凸显。无论是局部战争还是公共危机，都直接影响着人类的安宁与福祉，一国政府必须迅速地调动一切人力、物力和财力，以确保社会公众的生命、健康与财产安全。

2017 年 9 月 26 日，习近平在国际刑警组织第八十六届全体大会开幕式上对安全问题进行了系统的阐述，提出安全问题的三个更加突出的特征，即联动性、跨国性和多样性。首先，人类面临的安全问题联动性更加突出。“安全问题同政治、经济、文化、民族、宗教等问题紧密相关，非

① 习近平．习近平谈治国理政．北京：外文出版社，2014：219．

传统安全威胁和传统安全威胁相互交织。”其次，人类面临的安全问题跨国性更加突出。“安全问题早已超越国界，任何一个国家的安全短板都会导致外部风险大量涌入，形成安全风险洼地；任何一个国家的安全问题积累到一定程度又会外溢成为区域性甚至全球性安全问题。”再次，人类面临的安全问题多样性更加突出。“全球安全问题的内涵和外延正在不断拓展，传统犯罪在互联网和新媒体的作用下翻陈出新，电信诈骗、金融诈骗等新型犯罪大量滋生，跨国有组织犯罪日趋升级，难民危机愈演愈烈，网络攻击、网络窃密已经成为危害各国安全的突出问题。”① 因此，人类面临的安全问题更加复杂，各国必须加强治理合作。2020 年，全球新冠肺炎疫情暴发，对人类生存与发展构成严重的威胁。没有任何一个国家可以孤身世外，而必须协同抗疫。维护自身国家安全，必须以国际共同安全为依托。

第三节

中华民族伟大复兴的战略全局：国家安全现代化的国内环境

2015 年 10 月，习近平总书记在十八届五中全会第二次全体会议上强

① 习近平. 坚持合作创新法治共赢 携手开展全球安全治理：在国际刑警组织第八十六届全体大会开幕式上的主旨演讲. 人民日报，2017－09－27.

调："今后五年，可能是我国发展面临的各方面风险不断积累甚至集中显露的时期。我们面临的重大风险，既包括国内的经济、政治、意识形态、社会风险以及来自自然界的风险，也包括国际经济、政治、军事风险等。如果发生重大风险又扛不住，国家安全就可能面临重大威胁，全面建成小康社会进程就可能被迫中断。"① 2019 年 5 月，习近平总书记在主持召开推动中部地区崛起工作座谈会时指出："领导干部要胸怀两个大局，一个是中华民族伟大复兴的战略全局，一个是世界百年未有之大变局，这是我们谋划工作的基本出发点。"② 实现国家安全体系和能力现代化，也必须胸怀两个大局，不仅要把握国家安全的国际环境变化，也要洞悉国家安全的国内环境变化。

一、中国走进新时代

党的十九大报告在表述社会主义事业新变化时使用了"新时代"一词，而没有沿用以往的"新时期"。无论是从中华人民共和国发展史、中华民族发展史还是世界社会主义发展史来看，我国社会主义事业进入了一个划时代的全新阶段，这个阶段肇始于党的十八大。走进新时代的中国，国际地位、发展水平发生了历史性的变化，社会主要矛盾也发生了根本性的变化。

第一，中国的国际地位发生变化。经过不懈奋斗，我国经济实力、科技实力、军事实力、综合国力已经跃升到世界的前列，中华民族实现了从站起来、富起来到强起来的伟大飞跃，日益走向世界舞台的中央，国际话

① 中共中央文献研究室．十八大以来重要文献选编：中．北京：中央文献出版社，2016：833.
② 习近平．习近平谈治国理政：第 3 卷．北京：外文出版社，2020：77.

语权和感召力空前加大。这从世界互联网大会、APEC 会议、G20 峰会、“一带一路”国际合作高峰论坛等中国主场外交活动的成功举办可以略窥全貌。作为世界第二大经济体，中国以世界和平的建设者、全球发展的贡献者、国际秩序的维护者的姿态，提出“一带一路”倡议，在推动全球治理体系变革、构建人类命运共同体的过程中，不再是单向度地借鉴、学习国际经验，而更注重讲述中国故事、展示中国智慧。中国人民前所未有地接近中华民族伟大复兴的梦想，在国际舞台上彰显了中国发展模式的魅力。

第二，中国的发展水平发生变化。国际地位的变化与中国经济社会发展的日新月异息息相关。自改革开放以来，中国以几十年的时间，走完了西方发达国家上百年的道路。1987 年，党的十三大提出“三步走”的总体战略：第一步目标，1981 年到 1990 年实现国民生产总值比 1980 年翻一番，解决人民的温饱问题；第二步目标，1991 年到 20 世纪末国民生产总值再增长一倍，人民生活达到小康水平；第三步目标，到 21 世纪中叶，人均国民生产总值达到中等发达国家水平，人民生活比较富裕，基本实现现代化。

由于前两个目标已经提前实现，我们党又提出“两个一百年”奋斗目标：到建党一百年时，把我国建设成为经济更加发展、民主更加健全、科教更加进步、文化更加繁荣、社会更加和谐、人民生活更加殷实的小康社会；到新中国成立一百年时，基本实现现代化，把我国建成社会主义现代化强国。这是对“三步走”战略中第三步目标的细化与完善。

第三，中国社会的主要矛盾发生变化。1981 年党的十一届六中全会通过的《关于建国以来党的若干历史问题的决议》提出：“在社会主义改造基本完成以后，我国所要解决的主要矛盾，是人民日益增长的物质文化需要同落后的社会生产之间的矛盾。”① 这一论断与我国当前的国际地位和发展水平不相符，已经无法反映现阶段中国的实际。因此，党的十九大报告将我国社会的主要矛盾界定为：人民日益增长的美好生活需要和不平衡不充分的发展之间的矛盾。

二、新时代需要着力防范化解的重大风险

在实现中华民族伟大复兴的关键时期，重大风险既可能来自国内，也可能来自国外。习近平总书记强调：“凡是危害中国共产党领导和我国社会主义制度的各种风险挑战，凡是危害我国主权、安全、发展利益的各种风险挑战，凡是危害我国核心利益和重大原则的各种风险挑战，凡是危害我国人民根本利益的各种风险挑战，凡是危害我国实现‘两个一百年’奋斗目标、实现中华民族伟大复兴的各种风险挑战，只要来了，我们就必须进行坚决斗争，毫不动摇，毫不退缩，直至取得胜利。”② 在经济全球化和社会信息化的背景下，国内外不稳定、不确定因素跨境流动与传播，进而相互交织、促动，在经济、政治和意识形态、社会、军事等各个领域以及自然界形成以下五类重大风险：

一是重大经济风险。在经济领域，由于全球经济危机的影响，发达国家逆全球化、贸易保护主义抬头。我国经济要顶住下行的压力、逆势而上，就必须实施供给侧结构性改革，实现从高速度向高质量、高效益转

---

① 中国共产党中央委员会．关于建国以来党的若干历史问题的决议．北京：人民出版社，1981：54.

② 习近平．论中国共产党历史．北京：中央文献出版社，2021：283.

变。改革是一场伴随阵痛的革命。在新冠肺炎疫情影响下，保持经济健康、稳定增长的难度增加。国际上，西方国家不断抬高关税壁垒，动辄对中国进行贸易制裁。更为严重的是，国际金融体系存在的深层次不稳定成为我国维护金融安全的难题。我国守住金融不发生系统性风险的底线意义重大，但挑战巨大。

二是重大政治风险。在政治领域，2018 年 12 月 13 日召开的中央政治局会议对反腐败斗争形势做出重大判断：反腐败斗争取得压倒性胜利，全面从严治党取得重大成果。目前，我国正在进一步巩固和发展反腐败斗争压倒性胜利。但是，从严治党永远在路上。正如习近平总书记所说："党面临的最大风险和挑战是来自党内的腐败和不正之风。权力寻租，体制外和体制内挂钩，形成利益集团，挑战党的领导。"[①] 党内腐败和不正之风如不根除，就会严重影响、动摇党心、民心、军心，就有可能导致"堡垒被从内部攻破"，造成政亡人息的历史悲剧。2022 年 6 月 17 日，习近平总书记在主持中央政治局第四十次集体学习时指出："反腐败斗争关系民心这个最大的政治，是一场输不起也决不能输的重大政治斗争。要加深对新形势下党风廉政建设和反腐败斗争的认识，提高一体推进不敢腐、不能腐、不想腐能力和水平，全面打赢反腐败斗争攻坚战、持久战。"[②]

此外，恐怖主义、民族分离主义等政治暴力的威胁居高不下。"三股势力"与国际恐怖组织紧密勾结，念念不忘实现建立"东突厥斯坦国"的迷梦，在国内外不断发动恐怖袭击，威胁中国的公共安全与海外利益。在

---

① 中共中央纪律检查委员会，中共中央文献研究室．习近平关于党风廉政建设和反腐败斗争论述摘编．北京：中国方正出版社，中央文献出版社，2015：101.

② 习近平主持中共中央政治局第四十次集体学习并发表重要讲话．(2022－06－18)．http://www.gov.cn/xinwen/2022－06/18/content_5696442.htm.

西方国家的支持下，“台独”“藏独”“港独”势力以及“法轮功”等邪教组织蠢蠢欲动、时有抬头。某些西方大国借助非政府组织（NGO）和互联网，大肆传播西方民主价值观和意识形态，妄图在中国周边及内部策动“颜色革命”，进行渗透、颠覆、破坏活动，危及我国的制度安全与政权安全。

三是重大社会风险。在社会领域，我国社会正处于转型期，新老矛盾、问题相互叠加，新旧观念、制度发生激烈碰撞，经济的高速发展伴随着人民内部矛盾的凸显。重大安全事故、传染病疫情和刑事案件不断发生，给社会稳定、安定造成严重的影响，考验着国家和政府的治理能力。社会领域各种问题交织在一起，导致医患冲突、警民冲突、劳资冲突、邻避冲突、城管执法冲突等公共冲突时有发生并成为舆论焦点。

改革开放以来，尽管我国经济社会的发展水平不断提升，但我国依然是世界上最大的发展中国家，依旧处于社会主义初级阶段，发展不充分问题明显。换个角度看，我国进一步发展的空间依然巨大。更为重要的是，我国经济社会发展存在显著的不平衡性：(1) 地域发展不平衡，主要表现为沿海与内地的不平衡，东、中、西部经济发展势头依次递减；(2) 城乡发展不平衡，农村基础设施薄弱，公共服务供给不足，制约着农村居民生活水平的提升；(3) 阶层收入不平衡，贫富差距大，基尼系数超过了国际公认的预警水平—0.4；(4) 经济发展与生态环境不平衡，经济增长以牺牲环境为代价的现象未得到完全遏制。这些问题严重影响着社会的和谐与稳定，制约着建成社会主义现代化强国目标的实现，必须加以解决。

不仅如此，我国经济社会发展一方面满足了社会公众的物质文化需求，另一方面又在刺激社会公众对物质文化提出新的更高需求，特别是对民主、法治、公平、正义、安全、环境等方面的需求。当然，这些都是人民对美好生活需要的题中应有之义。改革开放在改善人们现状的同时，也提升了人们对理想的预期。理想与现实之间始终存在一定的差距，加之社会发展不均衡，使得一些社会公众存在不同程度的相对剥夺感。

美国学者泰德·格尔在《人们为什么造反》（*Why Men Rebel*）一书中提出“挫折—攻击”理论。如果人的“价值期望”与“价值能力”之间存在差距，就容易形成“相对剥夺感”，从而引发愤怒，并指向挫折源。根据这一理论，引发人们抗争的常常是相对剥夺感，而不是绝对剥夺。相对剥夺感的产生需要满足 4 个条件，某个个人或群体：（1）意识到自己不具有某种资源；（2）意识到他人或群体具有该种资源；（3）期望拥有该种资源；（4）这种期望是合理的。相对剥夺感包括三种类型：递减型、欲望型与发展型。当人们的期望价值没有变化，但社会提供资源的价值能力降低时，递减型相对剥夺感产生；反之，则产生欲望型相对剥夺感。当价值能力与价值期望都在提升，但价值能力提升的速度落后于价值期望提升的速度时，价值能力与价值期望之间的差距相对拉大，发展型相对剥夺感由此而生。现阶段，我国要重点防止社会公众滋生发展型相对剥夺感。

回顾过去，一方面，改革开放使国民的物质文化生活状况得到极大的提升；另一方面，贫富分化、阶层固化、社会保障不完善等问题的存在又滋长了公众的相对剥夺感。在国外势力推波助澜下，人民内部矛盾有可能发生性质变化，转化为敌我矛盾。

四是重大军事风险。当今世界，“地区热点此起彼伏，霸权主义、强权政治和新干涉主义有所上升，军备竞争、恐怖主义、网络安全等传统安全威胁和非传统安全威胁相互交织”①。随着中国日益走向世界舞台的中

---

① 习近平．习近平谈治国理政．北京：外文出版社，2014：272.

央，陷入战略焦虑的西方国家加紧对中国进行遏制与打压。它们散布、夸大“中国威胁”，炒作、宣扬“修昔底德陷阱”“国强必霸”，不断在中国的周边挑动热点问题的升级，威胁中国的主权、安全与发展，试图让中国被周边的地缘政治冲突束缚住和平崛起的手脚。习近平总书记指出：“我多次讲过，中华民族伟大复兴绝不是轻轻松松就能实现的，我国越发展壮大，遇到的阻力和压力就会越大。”① 有效应对重大军事风险以延长我国发展重要战略机遇期，事关中华民族的伟大复兴。

五是重大自然风险。重大自然风险的致灾因子来自自然界，但社会系统的脆弱性却是由人为原因造成的。由于人类认识和科学技术的局限性，人们还不能对地震等自然致灾因子进行精确预警与完全控制。特别是，一方面，城市化进程导致人口、财富向城市集中，城市的脆弱性增强；另一方面，人类活动导致极端天气事件频发。从 1990 年开始，联合国政府间气候变化专门委员会（IPCC）已经就气候变化问题出台了一系列评估报告，得出了一个结论：人类的活动与全球气候变化之间关系密切。国外有学者在 21 世纪初就指出：“气候变化可能会改变极端天气事件的频率、发生时间、强度和持续时间。在过去的一个世纪里，强降雨增多了。对未来的气候预测显示，飓风导致的强降雨很可能会增加，使得洪灾风险加大。龙卷风与飓风的频率难以为人们所预测。”② 我国是世界上遭受自然灾害影响最为严重的国家之一。灾害种类多，影响范围广，发生频率高，造成损失重，这是我国的一个基本国情。2021 年 7 月，河南郑州等地发生的强降

---

① 习近平．习近平谈治国理政．北京：外文出版社，2014：122.

② Greenoughm G，et al. The potential impacts of climate variability and change on health impacts of extreme weather events in the United States. Environmental health perspectives，2001（5）.

雨，就导致398人死亡失踪，损失惨重。如果不对重大自然风险进行有效预防，经济社会发展的成就将被灾害抵消，因灾致贫、因灾返贫人口激增，中华民族伟大复兴的进程就可能被迟滞。

从中华民族的伟大复兴全局来看，我国正处于一个非常关键的时期：从内部看，经济转型与社会转轨耦合，改革进入深水区与攻坚期，各种矛盾、问题凸显、叠加；从外部看，国际社会正经历深刻的大转型、大变革、大调整，世界秩序与结构正在重构，中国国际地位的提升可能会产生“树大招风”的效应。2013年初，习近平总书记强调：“要善于运用底线思维的方法，凡事从坏处准备，努力争取最好的结果，做到有备无患、遇事不慌，牢牢把握主动权。”① 将强未强是一个充满重大风险的时刻。所以，我国必须贯彻落实总体国家安全观，防范与化解重大风险，必须树立底线思维，将风险的情境设想得足够复杂，做最坏的打算、最好的准备。

第四节

构建新发展格局与有效维护国家安全

百年正值风华正茂。2021年是中国历史上具有承前启后意义的一

① 叶晓楠．习近平治国理政关键词（51）：底线思维应对复杂形势的科学方法．（2017-02-13）．http://cpc.people.com.cn/n1/2017/0213/c64094-29075534.html?ivk_sa=1024320u.

年。中国人民迎来建党一百周年，并踏上了向第二个百年目标奋进的新征程。迈上新征程，中国进入新发展阶段，必须贯彻新发展理念，构建新发展格局，推动高质量发展，有效维护国家安全的任务将更加繁重，必须实现国家安全体系和能力现代化，进行许多具有新的时代特点的伟大斗争。

一、新发展理念与国家安全

党的十八大以来，以习近平同志为核心的党中央科学研判经济形势变化，对发展理念进行了及时调整，提出了许多新思想、新论断、新做法：坚持以人民为中心的发展思想；不再简单以国内生产总值增长率论英雄；明确我国经济正处于“三期叠加”时期，即增长速度换挡期、结构调整阵痛期、前期刺激政策消化期叠加；经济发展进入新常态；使市场在资源配置中起决定性作用、更好发挥政府作用；绿水青山就是金山银山；坚持新发展理念；推进供给侧结构性改革；发展不平衡不充分；推动高质量发展；建设现代化经济体系；构建以国内大循环为主体、国内国际双循环相互促进的新发展格局；统筹发展和安全。习近平总书记强调：“其中新发展理念是最重要、最主要的，……新发展理念是一个系统的理论体系，回答了关于发展的目的、动力、方式、路径等一系列理论和实践问题，阐明了我们党关于发展的政治立场、价值导向、发展模式、发展道路等重大政治问题。全党必须完整、准确、全面贯彻新发展理念。”[①]

---

① 习近平在省部级主要领导干部学习贯彻党的十九届五中全会精神专题研讨班开班式上发表重要讲话强调 深入学习坚决贯彻党的十九届五中全会精神 确保全面建设社会主义现代化国家开好局. 人民日报，2021－01－12.

2015 年 10 月 29 日，习近平总书记在党的十八届五中全会第二次全体会议上提出创新、协调、绿色、开放、共享的发展理念：创新发展注重的是解决发展动力问题；协调发展注重的是解决发展不平衡问题；绿色发展注重的是解决人与自然和谐问题；开放发展注重的是解决发展内外联动问题；共享发展注重的是解决社会公平正义问题。同日，中共十八届五中全会公报中指出，实现“十三五”时期发展目标，破解发展难题，厚植发展优势，必须牢固树立并切实贯彻新发展理念，这是关系我国发展全局的一场深刻变革。

2016 年 1 月 18 日，习近平总书记在省部级主要领导干部学习贯彻党的十八届五中全会精神专题研讨班上的讲话中，对深入理解新发展理念进行了全面系统的论述。坚持创新发展，就是要把创新作为引领发展的第一动力和牵动经济社会发展全局的“牛鼻子”，是应对发展环境变化、增强发展动力、把握发展主动权，从而更好引领新常态的根本之策。坚持协调发展，就是要强调发展的整体性与协同性，着力推动区域、城乡、物质文明与精神文明、经济建设与国防建设的协调发展。坚持绿色发展，就是要解决好人与自然和谐共生问题，强调人类的发展活动必须尊重自然、顺应自然、保护自然。坚持开放发展，就是要主动顺应经济全球化潮流，坚持对外开放，充分利用人类社会创造的先进科学技术成果和有益管理经验。坚持共享发展，就是要坚持以人民为中心的发展思想，实现发展为了人民、发展依靠人民、发展成果由人民共享。其中，共享是全民共享、全面共享、共建共享和渐进共享。

习近平总书记在对《中共中央关于制定国民经济和社会发展第十三个五年规划的建议》进行说明时指出：“发展理念是发展行动的先导，是管全局、管根本、管方向、管长远的东西，是发展思路、发展方向、发展着力点的集中体现。”① 所以，2020 年召开的党的十九届五中全会提出，“十四五”时期是我国全面建成小康社会、实现第一个百年奋斗目标之后，乘势而上开启全面建设社会主义现代化国家新征程、向第二个百年奋斗目标进军的第一个五年。《中共中央关于制定国民经济和社会发展第十四个五年规划和二〇三五年远景目标的建议》强调，新时代新阶段的发展必须贯彻新发展理念，必须是高质量发展。

坚持新发展理念，必须贯彻落实总体国家安全观，因为我们要为创新、协调、绿色、开放、共享筑牢安全屏障。2016 年 1 月 18 日，习近平总书记在省部级主要领导干部学习贯彻党的十八届五中全会精神专题研讨班上的讲话中指出：“推动创新发展、协调发展、绿色发展、开放发展、共享发展，前提都是国家安全、社会稳定。没有安全和稳定，一切都无从谈起。‘明者防祸于未萌，智者图患于将来。’我们必须积极主动、未雨绸缪，见微知著、防微杜渐，下好先手棋，打好主动仗，做好应对任何形式的矛盾风险挑战的准备，做好经济上、政治上、文化上、社会上、外交上、军事上各种斗争的准备，层层负责、人人担当。”②

2021 年 1 月 11 日，在省部级主要领导干部学习贯彻党的十九届五中全会精神专题研讨班开班式上，习近平总书记发表重要讲话，强调要把握新发展阶段、贯彻新发展理念、构建新发展格局。他强调，必须从忧患意识把握新发展理念：“随着我国社会主要矛盾变化和国际力量对比深刻调

① 习近平：关于《中共中央关于制定国民经济和社会发展第十三个五年规划的建议》的说明.(2015-11-03). http://www.xinhuanet.com/politics/2015-11/03/c_1117029621.htm.

② 习近平. 在省部级主要领导干部学习贯彻党的十八届五中全会精神专题研讨班上的讲话(2016 年 1 月 18 日). 人民日报，2016-05-10.

整，我国发展面临的内外部风险空前上升，必须增强忧患意识、坚持底线思维，随时准备应对更加复杂困难的局面。‘十四五’规划《建议》把安全问题摆在非常突出的位置，强调要把安全发展贯穿国家发展各领域和全过程。如果安全这个基础不牢，发展的大厦就会地动山摇。要坚持政治安全、人民安全、国家利益至上有机统一，既要敢于斗争，也要善于斗争，全面做强自己，特别是要增强威慑的实力。宏观经济方面要防止大起大落，资本市场上要防止外资大进大出，粮食、能源、重要资源上要确保供给安全，要确保产业链供应链稳定安全，要防止资本无序扩张、野蛮生长，还要确保生态环境安全，坚决抓好安全生产。在社会领域，要防止大规模失业风险，加强公共卫生安全，有效化解各类群体性事件。要加强保障国家安全的制度性建设，借鉴其他国家经验，研究如何设置必要的‘玻璃门’，在不同阶段加不同的锁，有效处理各类涉及国家安全的问题。”①

二、构建新发展格局与国家安全

统筹发展和安全，始终保持忧患意识，是中国共产党治国理政的一项重要原则。对于中国而言，2020 年是极不平凡的一年。新冠肺炎疫情的全球肆虐给我国经济社会发展造成了严重的冲击。党中央高瞻远瞩、审时度势，按照坚定信心、同舟共济、科学防治、精准施策的总要求，带领全国人民取得了抗击新冠肺炎疫情的重大战略性成果。同时，中国成为全球唯一实现经济正增长的主要经济体。一方面，我国汲取新冠肺炎疫情应对的教训，建制度、补短板、强弱项、堵漏洞，不断健全应急管理体系；另一

---

① 习近平．把握新发展阶段，贯彻新发展理念，构建新发展格局．求是，2021（9）．

方面，党中央站在更为长远的角度，提出构建新发展格局，以求在危机中育先机、于变局中开新局，确保中华民族伟大复兴进程的顺利推进。

构建新发展格局是党中央根据国际经济循环格局发生深度调整所做出的一项重大战略决策。2021 年 1 月 11 日，在省部级主要领导干部学习贯彻党的十九届五中全会精神专题研讨班开班式上，习近平总书记指出："新冠肺炎疫情期间，我到几个省进行调查研究，深入了解抗疫情况，调研复工复产中出现的问题。我在浙江考察时发现，在疫情冲击下全球产业链供应链发生局部断裂，直接影响到我国国内经济循环。当地不少企业需要的国外原材料进不来、海外人员来不了、货物出不去，不得不停工停产。我感觉到，现在的形势已经很不一样了，大进大出的环境条件已经变化，必须根据新的形势提出引领发展的新思路。所以，去年 4 月，我就提出要建立以国内大循环为主体、国内国际双循环相互促进的新发展格局，党的十九届五中全会对构建新发展格局作出全面部署。这是把握未来发展主动权的战略性布局和先手棋，是新发展阶段要着力推动完成的重大历史任务，也是贯彻新发展理念的重大举措。"①

改革开放之后，我国打开封闭的大门，逐渐融入世界经济体系。2001 年 12 月 11 日，我国正式加入世界贸易组织，进入国际大循环。我国形成了市场和资源"两头在外"的"世界工厂"模式。这对于我国当时提升经济实力、改善人民生活发挥了重要的历史作用。但是，全球产业链分工是有上下游之分的，上游控制着下游。在国际分工中，世界形成了两类国家：处于上游的"有头无身子"的国家和处于下游的"有身子无头"的国

① 习近平．把握新发展阶段，贯彻新发展理念，构建新发展格局．求是，2021（9）．

家。前者是以美国为首的西方发达国家，其优势产业是知识和资本密集型产业；后者是以中国为代表的发展中国家，其优势产业是劳动力密集型产业。在看似公平的国际贸易中，两类国家之间形成巨大价格“剪刀差”。试想，中国要生产出多少双布鞋、多少副眼镜才能换回一架美国的波音客机？

西方国家在全球产业调整的过程中向发展中国家转移的多为高污染、高能耗的产业，而却把具有自主知识产权的高新技术牢牢地掌握在自己手中。即便这样，它们还时常以中国巨大的对外贸易逆差为借口，动辄挥舞反倾销和制裁的大棒，不断制造贸易摩擦。

2008 年国际金融危机爆发后，美国等西方国家贸易保护主义抬头，自顾、内顾倾向明显。一股逆全球化的“倒春寒”加剧了世界经济复苏的困难。2020 年发生的新冠肺炎疫情更加剧了逆全球化的风险，这倒逼中国以扩大内需为战略支点，谋求构建以国内大循环为主体、国内国际双循环相互促进的新发展格局。人们在强调以国内大循环为主体的同时，不能忽略国内国际双循环相互促进，因为新发展格局要实现中国高质量发展，也要促进中国更高水平的对外开放。这与总体国家安全观“既重视自身安全，又重视共同安全”的思想是一致的。

内部可循环是大国经济的“标配”与标志。我国有 14 亿多人口，人均国内生产总值超过 1 万美元，其中约 4 亿人口已经步入中等收入行列。我国应对新冠肺炎疫情的“压力测试”表明，我国市场潜力和回旋空间大，经济韧性强，政策工具多，实现国内大循环是完全具备条件的。在新形势下，中国强调国内大循环，不是与国际社会“脱钩”，也不是消极的“避险”行动，而是要打造参与国际合作的新优势，推动全球化朝着开放、包容、普惠、平衡、共赢的方向发展，从而更加有力地推动人类命运共同体的构建。

国家安全要为构建新发展格局保驾护航。构建新发展格局的最本质特征是实现高水平的自立自强，是重塑我国国际合作和竞争新优势的战略选择，离不开坚实有力的安全保障。2020 年 4 月 10 日，习近平总书记在中央财经委员会第七次会议上提出构建新发展格局，并三次强调要防范化解重大风险①：

第一，构建新发展格局，要优化和稳定产业链、供应链，增强防灾备灾能力。习近平总书记指出："国民经济要正常运转，必须增强防灾备灾意识。天有不测风云，人有旦夕祸福。要大力加强防灾备灾体系和能力建设，舍得花钱，舍得下功夫，宁肯十防九空，有些领域要做好应对百年一遇灾害的准备。要坚持两条腿走路，实行中央储备和地方储备相结合，实物储备和产能储备相结合，国家储备和企业商业储备相结合，搞好军民融合储备。要优化应急物资品种和储备布局，要合理确定储备规模，全面加大投资建设力度。"

第二，完善城市化战略，要把生态和安全放在城市发展的更加突出位置，统筹城市布局的经济需要、生活需要、生态需要、安全需要。习近平总书记强调："要坚持以人民为中心的发展思想，坚持从社会全面进步和人的全面发展出发，在生态文明思想和总体国家安全观指导下制定城市发展规划，打造宜居城市、韧性城市、智能城市，建立高质量的城市生态系统和安全系统。"

第三，加强公共卫生体系建设。习近平总书记强调："要从顶层设计

---

① 习近平. 国家中长期经济社会发展战略若干重大问题. 求是，2020（21）.

上提高公共卫生体系在国家治理体系中的地位，充实中央、省、市、县四级公共卫生机构，加强专业人才培养和队伍建设，提高履职尽责能力。要改善城乡公共卫生环境，加强农村、社区等基层防控和公共卫生服务。要加强公共卫生机构、医院感染病科、生物实验室等的规划建设，做好敏感医疗和实验数据管理。要加强卫生健康教育和科学知识普及，提高群众公共卫生素养。在这次疫情防控中，中医发挥了重要作用，要及时总结经验，加强科学论证，大力发展中医药事业，加强中西医结合，不断提高能力和水平。”“历次抗击重大传染病疫情的实践表明，必须加快形成从下到上早发现、早预警、早应对的体系，努力把疫情控制在萌芽状态。要把增强早期监测预警能力作为健全公共卫生体系的重中之重，完善公共卫生应急管理体系。要加强疾控、医院、科研单位间的信息共享，增强各类已知和新发传染病预警能力。”

过去，中国发展水平低，同别人互补性多一些；如今，中国发展起来了，同别人竞争性多起来。挑战与机遇并存，危与机共生，这种形势要求我们同时具备忧患意识和机遇意识，善于化危为机、转危为机。2020 年 8 月 24 日，习近平总书记在经济社会领域专家座谈会上发表重要讲话，指出：“党的十九大以来，我多次讲，当今世界正经历百年未有之大变局。当前，新冠肺炎疫情全球大流行使这个大变局加速变化，保护主义、单边主义上升，世界经济低迷，全球产业链供应链因非经济因素而面临冲击，国际经济、科技、文化、安全、政治等格局都在发生深刻调整，世界进入动荡变革期。今后一个时期，我们将面对更多逆风逆水的外部环境，必须做好应对一系列新的风险挑战的准备。”在开放与安全的关系上，他强调：“越开放越要重视安全，越要统筹好发展和安全，着力增强自身竞争能力、开放监管能力、风险防控能力，炼就金刚不坏之身。”此外，习近平总书记还谈到了“强化公共卫生和疾控体系”，“加强社会治理，化解社会矛盾”，并“将矛盾纠纷化解在基层，将和谐稳定创建在基层”[①]。

2020 年 12 月 16 日，中央经济工作会议在京召开，习近平总书记发表重要讲话。会议指出，必须清醒看到，疫情变化和外部环境存在诸多不确定性，我国经济恢复基础尚不牢固。2021 年世界经济形势仍然复杂严峻，复苏不稳定不平衡，疫情冲击导致的各类衍生风险不容忽视。要增强忧患意识，坚定必胜信心，推动经济持续恢复和高质量发展。要办好自己的事，坚持底线思维，提高风险预见预判能力，严密防范各种风险挑战。会议还强调，要抓好发展和安全两件大事，有效防范化解各类经济社会风险，高度重视安全生产和防灾减灾工作，坚决防范重特大事故发生。要继续深化社会治理，严厉打击各类违法犯罪活动。疫情防控要毫不放松抓好“外防输入、内防反弹”工作，严防死守，确保不出现规模性输入和反弹。

2021 年 7 月 9 日，习近平总书记主持召开中央全面深化改革委员会第二十次会议时指出：加快构建新发展格局，是我们把握未来发展主动权的战略举措，是为了在各种可以预见和难以预见的惊涛骇浪中增强我们的生存力、竞争力、发展力、持续力，是一场需要保持顽强斗志和战略定力的攻坚战、持久战。此次会议强调，要强化底线思维，有效防范应对重点领域潜在风险，守住新发展格局的安全底线。在党的二十大报告中，习近平总书记再次强调，要“夯实国家安全和社会稳定基层基础，完善参与全球

① 习近平．在经济社会领域专家座谈会上的讲话．北京：人民出版社，2020：2-3，8，9．

安全治理机制，建设更高水平的平安中国，以新安全格局保障新发展格局”[①]。

三、新发展阶段与国家安全

改革开放后，邓小平提出了“三步走”战略并以“小康社会”来诠释中国现代化。在党的十九大报告中，习近平总书记给未来中国的强国梦描绘出一幅更加美好、清晰的蓝图。一方面，他坚持了“两个一百年”奋斗目标，提出：到 2020 年，全面建成小康社会，实现第一个百年奋斗目标。那时，军队“基本实现机械化，信息化建设取得重大进展，战略能力有大的提升”。在全面建成小康社会后，努力实现第二个百年奋斗目标。另一方面，他又发展了“两个一百年”奋斗目标，提出从 2020 年到 21 世纪中叶可以分为两个阶段：从 2020 年到 2035 年，基本实现社会主义现代化，同时“军事理论现代化、军队组织形态现代化、军事人员现代化、武器装备现代化”得到全面推进，“基本实现国防和军队现代化”；从 2035 年到 21 世纪中叶，把我国建成富强民主文明和谐美丽的社会主义现代化强国，把人民军队全面建成世界一流军队[②]。由此，中国基本实现现代化的时间被缩短 15 年，建成社会主义现代化强国的新目标被明确提出。

“十四五”时期是我国由大变强、将强未强的关键时期，必然要面对可以预见和难以预见的风险挑战。在继往开来的重要时刻，中共十九届五中全会于 2020 年 10 月在北京召开，会议通过的《中共中央关于制定国民

---

① 习近平．高举中国特色社会主义伟大旗帜 为全面建设社会主义现代化国家而团结奋斗：在中国共产党第二十次全国代表大会上的报告．人民日报，2022－10－26．

② 习近平．决胜全面建成小康社会 夺取新时代中国特色社会主义伟大胜利：在中国共产党第十九次全国代表大会上的报告．北京：人民出版社，2017．

经济和社会发展第十四个五年规划和二〇三五年远景目标的建议》，首次把统筹发展和安全纳入“十四五”时期我国经济社会发展的指导思想，并以专章的形式专门作出战略部署，凸显国家安全在党和国家工作大局中的重要地位。在“统筹发展和安全，建设更高水平的平安中国”这一标题下，《建议》提出：“坚持总体国家安全观，实施国家安全战略，维护和塑造国家安全，统筹传统安全和非传统安全，把安全发展贯穿国家发展各领域和全过程，防范和化解影响我国现代化进程的各种风险，筑牢国家安全屏障。”[①] 在新发展阶段，新发展理念与总体国家安全观是中国办好发展与安全两件大事的根本遵循。统筹发展与安全，要认识到新发展理念与总体国家安全观是相辅相成、相互融通的。

当前，国家安全所面临的形势任务出现了新的变化。2020年初，我国遭遇新中国成立以来传播速度最快、感染范围最广、防控难度最大的重大公共卫生事件——新冠肺炎疫情。在以习近平同志为核心的党中央坚强领导下，我国按照坚定信心、同舟共济、科学防治、精准施策的总要求，夺取了全国抗疫斗争的重大战略成果。不仅如此，新冠肺炎疫情也是百年来全球发生的最严重的传染病大流行。它使“中国之治”与“西方之乱”形成了鲜明的对比与反差，加速了世界百年未有之大变局的演进速度，时与势在我们一边。

和平与发展仍是当今世界的两大主题，但世界进入动荡变革期和新旧秩序切换期，影响中国发展的不确定、不稳定因素明显增多。世界格局多极化进程在曲折中发展，大国博弈更为激烈，某些国家的单边主

---

① 中共中央关于制定国民经济和社会发展第十四个五年规划和二〇三五年远景目标的建议.(2020-11-03). http://www.gov.cn/zhengce/2020-11/03/content_5556991.htm.

义、保护主义、霸权主义对世界和平构成威胁；全球经济遭遇逆流和“倒春寒”，国际治理体系出现碎片化趋势；新一轮产业革命和产业变革对整个世界产生整体性影响。在国内，我国面临的挑战与机遇并存，但挑战与机遇都发生了深刻的变化。中国已经成为世界第二大经济体，但依旧处于社会主义初级阶段，面临着发展不平衡不充分的难题与挑战。未来，中国依旧处于战略机遇期，并应进一步把握新的机遇。但是，在从高速度向高质量发展的换挡期，中国国内改革发展稳定的任务也异常繁重。

习近平总书记指出：“增强忧患意识，做到居安思危，是我们治党治国必须始终坚持的一个重大原则。我们党要巩固执政地位，要团结带领人民坚持和发展中国特色社会主义，保证国家安全是头等大事。”[①] 总体国家安全观以马克思主义理论为指导，系统、辩证地看待世界局势与中国国家安全形势的变化，统筹影响国家安全的各种因素，表现出非凡的睿智和创新精神。作为习近平新时代中国特色社会主义思想的重要组成部分，总体国家安全观为我国有效维护国家安全、实现中华民族伟大复兴的中国梦提供了重要的理论保障和思想武器。

---

① 习近平．习近平谈治国理政．北京：外文出版社，2014：200.

第二章

总体国家安全观：国家安全现代化的基本遵循

2013 年 11 月，党的十八届三中全会决定，成立国家安全委员会。2014 年 4 月 15 日，习近平总书记在中央国家安全委员会第一次会议上首次提出总体国家安全观。“总体国家安全观以一系列紧密联系、相互贯通的基本观点，科学回答了中国这样一个发展中的社会主义大国如何维护和塑造国家安全的一系列基本问题，标志着我们党对国家安全基本规律的认识达到了新高度。”①

总体国家安全观是新时代我国国家安全战略思想的精髓。党的十九大报告将坚持总体国家安全观作为习近平新时代中国特色社会主义思想的一大重要方略并将其写入新修改的党章。贯彻落实总体国家安全观，首先要全面、准确理解和把握总体国家安全观的科学内涵。

第一节
总体国家安全观的内容

“总体国家安全观是马克思主义国家安全理论中国化的最新成果，是中国共产党和中国人民捍卫国家主权、安全、发展利益百年奋斗实践经验和集体智慧的结晶，在我们党的历史上第一次形成了系统完整的国家安全

① 中共中央宣传部．习近平新时代中国特色社会主义思想三十讲．北京：学习出版社，2018：252.

理论，标志着我们党对国家安全基本规律的认识达到了新高度。”[①] 2014年4月15日，习近平主持召开中央国家安全委员会第一次会议时首次提出了总体国家安全观，对新的时代背景下我国国家安全的内涵与外延进行了准确的界定，提到了“五大要素”“五对关系”。在党的十九大报告中，习近平总书记在论述“坚持总体国家安全观”时，又特别强调了“坚持国家利益至上”。所以，总体国家安全观的构成要素可以被认为增加至6种。

2018年4月17日，在十九届中央国家安全委员会第一次会议上，习近平强调“坚持人民安全、政治安全、国家利益至上的有机统一，人民安全是国家安全的宗旨，政治安全是国家安全的根本，国家利益至上是国家安全的准则”[②]。可见，我国对总体国家安全的表述越发完善与成熟。

一、国家安全的内涵

在新时代，我国国家安全是以总体国家安全为指导的“大安全”的概念，更加强调系统性、整体性。即便我们研究具体国家安全领域问题，也必须着眼于整体与全局。否则，就容易陷入“一叶障目，不见森林”“以偏概全”的狭隘境界之中。

2020年12月11日，习近平总书记在主持十九届中央政治局第二十六次集体学习时强调，我们党诞生于国家内忧外患、民族危难之时，对国家安全的重要性有着刻骨铭心的认识。新中国成立以来，党中央对发展和安全高度重视，始终把维护国家安全工作紧紧抓在手上。由此，不难看出，

---

① 中共中央宣传部，中央国家安全委员会办公室．总体国家安全观学习纲要．北京：学习出版社，人民出版社，2022：4-5.

② 习近平主持召开十九届中央国家安全委员会第一次会议并发表重要讲话.(2018-04-17). http://www.gov.cn/xinwen/2018-04/17/content_5283445.htm.

维护国家安全的工作实践由来已久。但是，在新中国成立后相当长的时期内，我国官方文件中一直未出现“国家安全”的用法。

面对“国家安全”概念的新变化，以国际关系学院刘跃进教授为代表的中国学者从理论上自 20 世纪 90 年代就开始进行了积极的探索。自 1998 年发表《为国家安全立言——“国家安全学”构想》以来，刘跃进教授一直致力于构建一个能够包纳当代国家安全各方面问题的理论体系。他在 2001 年发表的《试论当代国家安全的 10 个方面》，提出当代国家安全的十个构成要素，即国民安全、领土安全、经济安全、主权安全、政治安全、军事安全、文化安全、科技安全、生态安全和信息安全①。

2013 年 11 月 9 日，习近平总书记在《关于〈中共中央关于全面深化改革若干重大问题的决定〉的说明》中明确指出：“国家安全和社会稳定是改革发展的前提。只有国家安全和社会稳定，改革发展才能不断推进。当前，我国面临对外维护国家主权、安全、发展利益，对内维护政治安全和社会稳定的双重压力，各种可以预见和难以预见的风险因素明显增多。而我们的安全工作体制机制还不能适应维护国家安全的需要，需要搭建一个强有力的平台统筹国家安全工作。设立国家安全委员会，加强对国家安全工作的集中统一领导，已是当务之急。”② 党的十八大以来，以习近平同志为核心的党中央对国家安全高度重视，加强对国家安全工作的集中统一领导，成立了高层次的决策与议事协调机构——中央国家安全委员会，并将坚持总体国家安全观纳入中国特色社会主义基本方

① 王宏伟．刘跃进教授及其国家安全理论研究：兼评刘跃进教授的《为国家安全立学》．华北电力大学学报（社会科学版），2016（6）．

② 中共中央文献研究室．十八大以来重要文献选编：上．北京：中央文献出版社，2014：506．

略，国家安全工作局面焕然一新。

在总体国家安全观的指导下，重要领域的国家安全政策得以完善，国家安全法律法规得以健全。特别是，2015 年 7 月 1 日，我国公布、实施了新的《国家安全法》。而 1993 年颁布的《国家安全法》被修订、更名为《反间谍法》，做到了实至名归。

新《国家安全法》将国家安全界定为“国家政权、主权、统一和领土完整、人民福祉、经济社会可持续发展和国家其他重大利益相对处于没有危险和不受内外威胁的状态，以及保障持续安全状态的能力”。这综合考量了外部安全与内部安全、国土安全与国民安全、传统安全与非传统安全、发展与安全、自身安全与共同安全等多对关系，体现了国家安全概念内涵与外延空前丰富的社会现实，契合国家安全威胁日益多元与复杂的时代背景。2011 年 9 月，国务院新闻办发布《中国的和平发展》白皮书，提出：“中国坚决维护国家核心利益。中国的核心利益包括：国家主权，国家安全，领土完整，国家统一，中国宪法确立的国家政治制度和社会大局稳定，经济社会可持续发展的基本保障。”① 通过比较，我们可以得出这样一个结论：捍卫国家安全就是维护中国的核心利益。

捍卫国家安全、维护中国核心利益，要进行坚决斗争。2019 年 9 月 3 日，习近平在秋季学期中央党校（国家行政学院）中青年干部培训班开班式上强调：“共产党人的斗争是有方向、有立场、有原则的，大方向就是坚持中国共产党领导和我国社会主义制度不动摇。凡是危害中国共产党领导和我国社会主义制度的各种风险挑战，凡是危害我国主权、安全、发展

① 《中国的和平发展》白皮书（全文）.（2011－09－06）. http://www.scio.gov.cn/ztk/dtzt/58/3/Document/999959/999959.htm.

利益的各种风险挑战，凡是危害我国核心利益和重大原则的各种风险挑战，凡是危害我国人民根本利益的各种风险挑战，凡是危害我国实现‘两个一百年’奋斗目标、实现中华民族伟大复兴的各种风险挑战，只要来了，我们就必须进行坚决斗争，而且必须取得斗争胜利。”① 习近平总书记提出的这几个风险挑战，都可以被认为是国家安全风险。

从新《国家安全法》界定的“国家安全”概念，我们可以解读出以下含义：第一，它将客观现实与主观感受结合在一起，既强调“没有危险”，也强调“不受威胁”；第二，它统筹内外，不仅关注外部威胁，也关注内部威胁；第三，它强调相对安全，而不是绝对安全，因为绝对安全不仅过于理想化、难以实现，而且一个国家的绝对安全可能意味着其他国家的绝对不安全；第四，它综合吸收了国家安全的“状态说”和“能力说”，既指一种状态，也指一种能力。

国家安全观是一个国家对安全形势与问题的总体分析与研判。在很大程度上，对国家安全的界定浓缩式地反映了一国的国家安全观。例如，从新《国家安全法》对国家安全的定义中，人们可以看到：中国追求相对的而不是绝对的国家安全。这与兼顾“自身安全”和“共同安全”的理念是一致的。在经济全球化背景下，追求自身的绝对安全，势必会置其他国家于绝对的不安全境地，从而产生“安全困境”和“回旋镖效应”，反而让自身更加不安全。在不同历史时期，我国所处的国内外安全环境不同，国家安全观和国家安全的含义也不尽相同。

① 习近平．习近平谈治国理政：第3卷．北京：外文出版社，2020：226．

二、六大要素

在中央国家安全委员会第一次会议上，习近平指出："当前我国国家安全内涵和外延比历史上任何时候都要丰富，时空领域比历史上任何时候都要宽广，内外因素比历史上任何时候都要复杂，必须坚持总体国家安全观，以人民安全为宗旨，以政治安全为根本，以经济安全为基础，以军事、文化、社会安全为保障，以促进国际安全为依托，走出一条中国特色国家安全道路。"[①] 在此，他提出了总体国家安全观的"五大要素"，即：以人民安全为宗旨，以政治安全为根本，以经济安全为基础，以军事、文化、社会安全为保障，以促进国际安全为依托。总体国家安全观的内容是不断丰富与完善的。后来，总体国家安全观的表述又加上了科技安全保障的内容，变成"以军事、科技、文化、社会安全为保障"。

党的十九大报告将坚持总体国家安全观作为习近平新时代中国特色社会主义思想的一大重要方略。"统筹发展和安全，增强忧患意识，做到居安思危，是我们党治国理政的一个重大原则。必须坚持国家利益至上，以人民安全为宗旨，以政治安全为根本，统筹外部安全和内部安全、国土安全和国民安全、传统安全和非传统安全、自身安全和共同安全，完善国家安全制度体系，加强国家安全能力建设，坚决维护国家主权、安全、发展利益。"[②] 在这里，习近平除了特别强调人民安全、政治安全外，还提出了国家利益至上。所以，总体国家安全观的构成要素可以被认为从 5 个扩展

① 习近平．习近平谈治国理政．北京：外文出版社，2014：200－201.

② 习近平．决胜全面建成小康社会 夺取新时代中国特色社会主义伟大胜利：在中国共产党第十九次全国代表大会上的报告．北京：人民出版社，2017：24.

至6个。

第一，以国家利益至上为准则。2009年7月，时任国务委员戴秉国在中美战略与经济对话会上提出："中国的核心利益第一是维护基本制度和国家安全，其次是国家主权和领土完整，第三是经济社会的持续稳定发展。"[①] 2011年发布的《中国的和平发展》白皮书提出，中国的核心利益包括"国家主权，国家安全，领土完整，国家统一，中国宪法确立的国家政治制度和社会大局稳定，经济社会可持续发展的基本保障"。中国的国家利益包含安全利益和发展利益两个层面：一个是国家的安全，即维护国家主权和领土完整；另一个是国家的发展，即国家富强、民族复兴、人民幸福的"中国梦"。明确了中国的国家利益，就确定了中国在自身发展过程中的轻重缓急次序和在对外交往中的立场和底线。在2008年的金融危机中，中国出色的表现使得西方"中国威胁论"的论调也甚嚣尘上。中国在风云变幻的全球化浪潮中，如何坚守底线实现中国国家利益、实现和平崛起、实现中美新型大国关系的构建，任重道远。

在和平与发展成为时代主题的大背景下，发展已成为中国的重要利益，我们要在捍卫国家安全的前提下，最大限度维护国家利益。要实现发展、实现中国梦，必须走中国特色社会主义道路，拓展和走好适合中国国情的发展道路，在经济发展已取得可喜成绩的基础上，推动政治、文化、社会和环境的同步发展，实现国家富强。要实现发展、实现中国梦，必须弘扬中国精神，即以爱国主义为核心的民族精神，以改革创新为核心的时代精神。中国精神是全国各族人民共同的价值追求，只有自身精神不倒，

① 首轮中美经济对话：除上月球外主要问题均已谈及.（2009－07－29）. https://www.chinanews.com.cn/gn/news/2009/07－29/1794984.shtml.

“梦”的实现才有方向，民族复兴才有希望。要实现发展、实现中国梦，还必须凝聚中国力量，即中国各族人民大团结的力量。只要我们紧密团结，为实现共同梦想而奋斗，实现梦想的力量就无比强大，我们每个人为实现自己梦想的努力就拥有广阔的空间，就会享有人生出彩的机会。每个人的幸福指数上升的合力就是全体人民幸福指数上升的象征。国家富强了、人民幸福了，才有良好的内部条件，为国家外部利益的实现奠定基础。

第二，以人民安全为宗旨。民惟邦本，本固邦宁。人民安全与国家安全紧密相连。人民群众是历史的创造者，是社会变革的决定力量。国家安全工作归根结底是保障人民利益，为群众安居乐业提供坚强保障。维护国家安全必须把实现好、发展好、维护好最广大人民群众的根本利益作为工作的出发点和落脚点。2017 年 2 月 17 日，在国家安全工作座谈会上，习近平总书记指出：“国家安全工作归根结底是保障人民利益，要坚持国家安全一切为了人民、一切依靠人民，为群众安居乐业提供坚强保障。”① 实现人民安全是维护国家安全的最终目的，维护国家安全是保证人民安全的根本基础。在实现国家安全的根本目的上强调国家安全为了人民、依靠人民，体现了党中央始终坚持人民利益高于一切的执政理念。

牢固树立和认真贯彻总体国家安全观，以人民安全为宗旨，走中国特色国家安全道路，体现了我们党全心全意为人民服务的根本宗旨，表明国家维护和发展最广大人民根本利益的决心和意志。以人民安全为宗旨是中国特色国家安全道路的显著标志之一。

---

① 习近平主持召开国家安全工作座谈会强调 牢固树立认真贯彻总体国家安全观 开创新形势下国家安全工作新局面. 人民日报，2017-02-18.

人民安全体现在经济社会发展的全过程，维护和保障好人民的安全利益，不仅关系到整个社会的和谐稳定，而且体现了社会主义制度的优越性。国泰民安是人民群众最基本、最普遍的愿望。人民安全离不开国家安全，而国家安全与世界安全形势密切相关。在当今世界安全局势错综复杂的环境下，我们要认识到世界多极化、经济全球化、国际关系民主化的大方向没有改变，要引导国际社会共同塑造更加公正合理的国际新秩序。不论国际形势如何变幻，我们都要保持战略定力、战略自信、战略耐心，坚持以全球思维谋篇布局，坚持统筹发展和安全，坚持底线思维，坚持原则性和策略性相统一，把维护国家安全的战略主动权牢牢掌握在自己手中。只有这样，才能为国家安全提供良好的国际环境，而一个稳定的外部环境有利于国内的稳定，从而让人民群众过上幸福、安宁、富足的生活。正如习近平总书记所指出的："在漫长的历史进程中，中国人民依靠自己的勤劳、勇敢、智慧，开创了各民族和睦共处的美好家园，培育了历久弥新的优秀文化。我们的人民热爱生活，……。人民对美好生活的向往，就是我们的奋斗目标。"[①] 我们党在高度重视国家安全问题的同时，也没有忽视增进人民福祉的发展问题，着力于解决人民群众关心的各种现实问题，在住房、就业、医疗、教育等领域不断改善民生，努力实现城乡基本公共服务均等化，从而确保人民安居乐业、社会安定有序、国家和谐稳定。刘跃进提出："贯彻落实总体国家安全观，首先要把'以人民安全为宗旨'的国家安全核心价值落实到国家安全的各个领域和国家安全工作的方方面面，切实保障人民群众的利益和安全，为人民群众安居乐业提供坚强的保

① 习近平．习近平谈治国理政．北京：外文出版社，2014：4.

障。”[①] 可见，国泰民安是国家安全所追求的基本目标，人民安全是贯穿于国家安全各个领域的重要思想红线。

第三，以政治安全为根本。政治安全涉及国家主权、政权、制度和意识形态的稳固，这都是一个国家最根本的需求，是实现一切国家生存和发展的基础条件。政治安全在国家安全体系中居于核心地位和最高层次，具有根本性的战略意义。习近平总书记在主持十九届中央政治局第二十六次集体学习时强调，贯彻总体国家安全观，要坚持把政治安全放在首要位置，维护政权安全和制度安全，更加积极主动做好各方面工作。

我国是社会主义国家，政治安全的内容包括：政治思想上的安全，即坚定马克思主义意识形态的主导地位不动摇；政治制度上的安全，即坚持人民民主专政和中国特色社会主义制度的性质；政治活动上的安全；等等。在这些内容中最关键的是坚持中国共产党的领导地位和执政地位毫不动摇。

一个国家对外不能独立，内部政治动荡，就不可能维护好自身的利益，实现现代化。而要实现现代化，必须要有良好的政治秩序，说到底，就是使一个政治共同体保有基本的安全状态。在广大人民群众的支持下，致力于实现民族独立和国家统一的中国共产党，有力地维护了国家政治安全，为中国的现代化提供了基本的政治秩序，使其步入正轨。没有民族独立与国家政权的统一，没有国内稳定的政治秩序，中国便不可能取得像今天这样令世界瞩目的成就。

政治安全是国家利益的根本保障。唯物史观把人类社会作为一个有机

---

① 刘跃进．把“以人民安全为宗旨”落实到国家安全各个领域．人民论坛，2017（29）．

系统来把握，强调社会是一切关系在其中同时存在而又互相依存的社会机体。良好的政治发展有利于实现国家政治安全的发展，有利于促进经济社会发展和整个社会文明进步。反之，政治不稳定会导致许多严重的后果，政府的政策供给不连贯，经济发展缺少稳定的政策支持，国家的发展也会受到制约。因此，实现国家政治安全承载着保障国家经济社会文化发展的职责，是维护和保障国家独立、民族振兴、社会和谐的基础。

在十九届中央国家安全委员会第一次会议上，习近平强调“坚持人民安全、政治安全、国家利益至上的有机统一，人民安全是国家安全的宗旨，政治安全是国家安全的根本，国家利益至上是国家安全的准则，实现人民安居乐业、党的长期执政、国家长治久安”。我国作为中国共产党领导下的实行人民民主专政的社会主义国家，人民安全、政治安全和国家利益至上是相辅相成的。

第四，以经济安全为基础。国家经济安全是相对于国家政治安全、国家军事安全以及国家文化安全而言的，是国家安全体系的重要组成部分。国家经济安全在国家安全体系中处于基础地位，经济利益、经济安全对国家安全战略起着引导作用。无论是霸权国家还是发展中国家，其国家安全战略的前提都是拓展与维护国家经济利益，因而国家安全战略都以经济安全需要为核心。国家经济安全即国家安全的经济化，通常指一个国家的经济生存和发展所面临的国内国际环境、参加国际经济竞争的能力及其带来的相应的国际政治地位和影响力。其最为根本的是经济利益不受伤害，即一国经济在整体上主权独立、基础稳固、健康运行、稳健增长、持续发展。

第五，以军事、科技、文化、社会安全为保障。国富军强是一个国家追求的两个重要目标。在维护国家安全的手段日益多元化的今天，军事安全依然是国家安全的兜底性保障措施，其作用不容忽视与矮化。

科技是国家实力的重要支撑和国际竞争的重要筹码。有效维护国家安全，必须以科技安全为保障，为“变道超车”“弯道超车”创造条件，给民族复兴提供坚实的保障。

文化已经成为当今国际竞争和综合国力较量的重要内容，文化软实力在综合国力竞争中的地位和作用越来越突出。面对西方文化霸权的不断渗透，维护文化安全任务更加艰巨。西方文化的入侵腐蚀的是民众思想，动摇的是党的执政根基，最终会导致社会秩序失范、国家社会动荡。为此，我们要继承民族传统文化，培育时代精神，弘扬主流价值，增强文化软实力，构筑起国家安全的重要屏障。

社会安全是一个包含社会治安、交通安全、生产生活安全等方面的综合性指数，直接关乎民生安全。我国的改革正处于攻坚期，多重风险共生，我们要不断提高社会治理水平，实施多元化风险管理策略，全面推进平安中国建设，让社会安定有序，让人民安居乐业。

第六，以促进国际安全为依托。中国的国家安全和世界的和平发展息息相关。在全球化时代，安全问题具有联动性、跨国性与多样性。安全涉及多个领域，维护国家安全也必须采取多样化手段，甚至采用创新性手段。今天，有效维护国家安全要秉承合作的理念。所以，总体国家安全观强调以促进国际安全为依托，实现自身安全与共同安全相统一，共同构建人类命运共同体。这一安全理念摒弃了零和博弈、绝对安全、结盟理论等旧观念，在国际上树立起一种普遍包容的国家安全理念，体现了中国智慧。

中国坚持和平发展，积极承担与我国国力地位相适应的国际责任，坚持国际合作、推进全球治理，为建设一个普遍安全的世界提供了中国方案。2017 年 2 月 10 日，“构建人类命运共同体”首次写入联合国决议，这一理念已经得到国际社会的普遍认同，这是中国对世界和平与发展的崇高事业做出的积极贡献。“一带一路”建设就是中国为构建人类命运共同体而搭建的一个平台。

习近平积极倡导与邻为善、以邻为伴的理念，秉承亲、诚、惠、容的周边外交政策，提出了亚洲安全观。2014 年 5 月 21 日，习近平在亚洲相互协作与信任措施会议第四次峰会上发表讲话，提出亚洲安全观。他说：“形势在发展，时代在进步。要跟上时代前进步伐，就不能身体已进入 21 世纪，而脑袋还停留在冷战思维、零和博弈的旧时代。我们认为，应该积极倡导共同、综合、合作、可持续的亚洲安全观，创新安全理念，搭建地区安全和合作新架构，努力走出一条共建、共享、共赢的亚洲安全之路。”他说：“共同，就是要尊重和保障每一个国家安全”，安全应该是普遍、平等和包容的；“综合，就是要统筹维护传统领域和非传统领域安全”；“合作，就是要通过对话合作，促进各国和本地区安全”；“可持续，就是要发展和安全并重以实现持久安全”①。2020 年 12 月 11 日，在主持十九届中央政治局第二十六次集体学习时，他又将“亚洲安全观”扩展为“全球安全观”，强调：“坚持推进国际共同安全，高举合作、创新、法治、共赢的旗帜，推动树立共同、综合、合作、可持续的全球安全观，加强国际安全合

① 习近平．不能身体已进入 21 世纪 脑袋还停留旧时代．(2014－05－21)．http://www.xinhuanet.com/world/yxfhzb/wzsl.htm.

作，完善全球安全治理体系，共同构建普遍安全的人类命运共同体。”①

总体国家安全观被提出后，有着一个不断发展演变的过程。2015 年 7 月 1 日，全国人大常委会通过的新《国家安全法》将总体国家安全观写入其中，将其上升为国家意志；2017 年 10 月 18 日，党的十九大将坚持总体国家安全观列入新时代坚持和发展中国特色社会主义基本方略并写入党章；2020 年 10 月 29 日，党的十九届五中全会首次把统筹发展和安全纳入“十四五”时期我国经济社会发展的指导思想，并列专章作出战略部署；2020 年 12 月 11 日，十九届中央政治局第二十六次集体学习主题为切实做好国家安全工作，习近平总书记就贯彻总体国家安全观提出“十个坚持”；2021 年 7 月 1 日，习近平总书记在庆祝中国共产党成立 100 周年大会上的讲话中将总体国家安全观称为第二个百年“进行具有许多新的历史特点的伟大斗争”的思想武器；在党的二十大报告中，习近平总书记强调：“国家安全是民族复兴的根基，社会稳定是国家强盛的前提。必须坚定不移贯彻总体国家安全观，把维护国家安全贯穿党和国家工作各方面全过程，确保国家安全和社会稳定。”②

三、七对关系

习近平总书记指出：“贯彻落实总体国家安全观，必须既重视外部安全，又重视内部安全，对内求发展、求变革、求稳定、建设平安中国，对外求和平、求合作、求共赢、建设和谐世界；既重视国土安全，又重视国

① 习近平主持中央政治局第二十六次集体学习并讲话.（2020－12－12）. http://www.gov.cn/xinwen/2020－12/12/content_5569074.htm.

② 习近平. 高举中国特色社会主义伟大旗帜 为全面建设社会主义现代化国家而团结奋斗：在中国共产党第二十次全国代表大会上的报告. 人民日报，2022－10－26.

民安全，坚持以民为本、以人为本，坚持国家安全一切为了人民、一切依靠人民，真正夯实国家安全的群众基础；既重视传统安全，又重视非传统安全，构建集政治安全、国土安全、军事安全、经济安全、文化安全、社会安全、科技安全、信息安全、生态安全、资源安全、核安全等于一体的国家安全体系；既重视发展问题，又重视安全问题，发展是安全的基础，安全是发展的条件，富国才能强兵，强兵才能卫国；既重视自身安全，又重视共同安全，打造命运共同体，推动各方朝着互利互惠、共同安全的目标相向而行。”[①] 党的十九届六中全会审议通过的《中共中央关于党的百年奋斗重大成就和历史经验的决议》又提出新的表述，即“统筹发展和安全，统筹开放和安全，统筹传统安全和非传统安全，统筹自身安全和共同安全，统筹维护国家安全和塑造国家安全”。至此，构成总体国家安全观的“七对关系”是：统筹外部安全与内部安全；统筹国土安全与国民安全；统筹传统安全与非传统安全；统筹发展与安全；统筹自身安全与共同安全；统筹开放与安全；统筹维护国家安全与塑造国家安全。有效维护国家安全，必须处理好以下重要关系：

一是统筹外部安全与内部安全。中国的发展需要一个和谐稳定的国内环境和一个和平安宁的国际环境。在经济全球化背景下，主权国家的边界不再能够成为阻挡外部风险的屏障。在虚拟世界，互联网更是无远弗届，实现了跨国信息流动的即时性与交互性。内部风险的溢出与外部风险的溢入同时存在，并可能相互交织。我国面临对外维护国家主权、安全、发展利益，对内维护政治安全和社会稳定的双重压力。国家安全的威胁不单来自国

① 习近平．习近平谈治国理政．北京：外文出版社，2014：201.

境之外。割裂内外安全是不合时宜的，而统筹内外安全则是不可或缺的。

二是统筹国土安全与国民安全。国土与国民是构成民族国家的两大要素，国民生活在特定的国土之上。在历史上相当长的一段时期，国土的边界决定了绝大部分公民的生活范围。但是，在经济全球化时代，越来越多的中国企业和公民“走出去”，到其他国家经营、工作、生活，国家的地理边疆与利益边疆、国土安全与国民安全不再重合。随着“一带一路”倡议的推进，海外利益保护成为我国国家安全领域里一个不容忽视的课题，因为我国海外利益保护目前还缺少有效的保护性措施和手段，基本处于不设防的状态。当然，这不意味着国土安全不重要。国土不仅包括领土，还包括领海、领空。捍卫国土安全、防范外敌入侵、打击分裂国家的活动依旧是国家安全的重要使命。

三是统筹传统安全与非传统安全。传统安全是指政治、军事安全，而非传统安全则是传统安全之外的安全。前者的主体是民族国家，而后者的主体则是多样化的。冷战结束后，传统安全威胁没有完全消失，同时非传统安全威胁问题突出，二者既相互交织，又可相互转化。在习近平提出的亚洲安全观中，综合安全就是要“统筹维护传统领域和非传统领域安全。亚洲安全问题极为复杂，既有热点敏感问题又有民族宗教矛盾，恐怖主义、跨国犯罪、环境安全、网络安全、能源资源安全、重大自然灾害等带来的挑战明显上升，传统安全威胁和非传统安全威胁相互交织，安全问题的内涵和外延都在进一步拓展”①。

四是统筹发展与安全。作为国家战略视角下的两件大事，发展是安全

① 习近平. 习近平谈治国理政. 北京：外文出版社，2014：355.

的基础，安全是发展的条件。“推动创新发展、协调发展、绿色发展、开放发展、共享发展，前提都是国家安全、社会稳定。”[①] 不仅如此，安全与发展的目标之间并不存在不可逾越的鸿沟。在某种意义上说，发展问题其实也是安全问题，要贯彻安全发展的理念。发展要以人民为中心，安全要以人民安全为宗旨。2018 年 4 月 17 日，在十九届中央国家安全委员会第一次会议上，习近平强调“既要善于运用发展成果夯实国家安全的实力基础，又要善于塑造有利于经济社会发展的安全环境”[②]。

在总体国家安全视角下，发展与安全是“同一硬币的两面”。2018 年 9 月 25—28 日，习近平在东北三省考察并主持召开深入推进东北振兴座谈会时说：“东北地区是我国重要的工业和农业基地，维护国家国防安全、粮食安全、生态安全、能源安全、产业安全的战略地位十分重要，关乎国家发展大局。”[③] 发展问题也是安全问题。

由于我国发展所处的历史方位和国家安全所面临的形势任务特殊，2020 年 10 月，党的十九届五中全会审议通过的《中共中央关于制定国民经济和社会发展第十四个五年规划和二〇三五年远景目标的建议》将“统筹发展和安全”作为经济社会发展指导思想，并列专章进行战略部署。这在我国历史上属于首次，凸显了国家安全工作在党和国家事业中的重要地位。这不仅强调发展和安全并重，而且强调发展和安全的深度融合。

十九届五中全会闭幕仅仅一个多月后，在主持十九届中央政治局第二

---

① 习近平．习近平谈治国理政：第 2 卷．北京：外文出版社，2017：222.

② 习近平主持召开十九届中央国家安全委员会第一次会议并发表重要讲话.（2018-04-17）. http://www.gov.cn/xinwen/2018-04/17/content_5283445.htm.

③ 习近平在东北三省考察并主持召开深入推进东北振兴座谈会.（2018-09-28）. http://www.gov.cn/xinwen/2018-09/28/content_5326563.htm.

十六次集体学习时，习近平总书记强调："坚持统筹发展和安全，坚持发展和安全并重，实现高质量发展和高水平安全的良性互动，既通过发展提升国家安全实力，又深入推进国家安全思路、体制、手段创新，营造有利于经济社会发展的安全环境，在发展中更多考虑安全因素，努力实现发展和安全的动态平衡，全面提高国家安全工作能力和水平。"[①] 未来，我们要全方位树立安全发展的理念，不仅要坚守发展不以牺牲安全为代价的底线，还要寓安全于发展之中，做到安全与发展相互嵌入。

值得注意的是，2021 年 9 月 21 日和 2022 年 4 月 21 日，习近平总书记在第七十六届联合国大会和博鳌亚洲论坛上分别提出全球发展倡议和全球安全倡议。可见，在全球层面，也需要统筹发展和安全。

五是统筹自身安全与共同安全。经济全球化使各国紧密联系，形成一个共同应对全球问题的命运共同体。《中国的和平发展》白皮书指出，中国坚定地维护自身的核心利益，同时"充分尊重各国维护本国利益的正当权利"，并"把中国人民的利益同世界各国人民的共同利益结合起来，扩大同各方利益的汇合点，同各国各地区建立并发展不同领域不同层次的利益共同体，推动实现全人类共同利益，共享人类文明进步成果"[②]。

"在经济全球化时代，各国安全相互关联、彼此影响。没有一个国家能凭一己之力谋求自身绝对安全，也没有一个国家可以从别国的动荡中收获稳定。"[③] 在你中有我、我中有你的利益互相嵌套的情况下，一国确

---

① 习近平主持中央政治局第二十六次集体学习并讲话.（2020－12－12）. http://www.gov.cn/xinwen/2020－12/12/content_5569074.htm.

② 《中国的和平发展》白皮书（全文）.（2011－09－06）. http://www.scio.gov.cn/ztk/dtzt/58/3/Document/999959/999959.htm.

③ 习近平. 习近平谈治国理政：第 2 卷. 北京：外文出版社，2017：523.

保自身的国家安全，不能继续遵循零和博弈思维，更不能追求绝对安全，因为一个国家的绝对安全可能意味着其他国家的绝对不安全。今天，人类面临的重大全球风险是跨国风险，需要各国合作对其进行安全治理。

六是统筹开放与安全。封闭意味着落后。对内改革与对外开放是一体两面，是中国大踏步赶上世界、赶上时代的关键一招。构建以国内大循环为主体、国内国际双循环相互促进的新发展格局，绝不意味着中国要倒退回封闭的老路，而是要在高水平开放中谋求国际竞争新优势。在经济全球化时代，任何国家都无法成为一个孤岛。但是，开放不是不设防，更不是毫无防备的门户大开。中国必须以高水平安全护佑高水平开放，抵御外来的政治、经济、贸易、金融等领域的重大风险。

七是统筹维护国家安全与塑造国家安全。在十九届中央国家安全委员会第一次会议上，习近平强调“坚持维护和塑造国家安全，塑造是更高层次更具前瞻性的维护，要发挥负责任大国作用，同世界各国一道，推动构建人类命运共同体”[①]。与维护相比较而言，塑造是更具有主动性、积极性的安全营造行动。党的二十大报告中提出，完善国家安全力量布局，构建全域联动、立体高效的国家安全防护体系。这有利于维护国家安全。同时，我们也要高瞻远瞩，关口前移再前移，主动塑造国家安全的态势。中国政府以超人的智慧，提出的“一带一路”倡议，即建设“丝绸之路经济带”和“21 世纪海上丝绸之路”，就是一个通过促进共同安全塑造国家安全的范例。

---

① 习近平主持召开十九届中央国家安全委员会第一次会议并发表重要讲话.(2018-04-17). http://www.gov.cn/xinwen/2018-04/17/content_5283445.htm.

2013年9月，中国国家主席习近平访问中亚时首次提出共同建设“丝绸之路经济带”的构想。在纳扎尔巴耶夫大学的演讲中，他说，共同建设“丝绸之路经济带”“将打通从太平洋到波罗的海的运输大通道。在此基础上，……逐步形成连接东亚、西亚、南亚的交通运输网络，为各国经济发展和人员往来提供便利”[①]。除了加强道路联通之外，习近平还强调加强欧亚各国政策沟通、贸易畅通、货币流通和民心相通。

同年10月，习近平在访问印度尼西亚期间在印尼国会发表题为《共同建设二十一世纪“海上丝绸之路”》的演讲，表示“中国愿同东盟国家加强海上合作，使用好中国政府设立的中国—东盟海上合作基金，发展好海洋合作伙伴关系，共同建设21世纪‘海上丝绸之路’”[②]。

“一带一路”贯穿欧亚大陆，东边连接亚太经济圈，西边进入欧洲经济圈。其建设的经济与安全意义对于世界与中国都非常重大。2017年5月14日，习近平在“一带一路”国际合作高峰论坛开幕式上发表题为《携手推进“一带一路”建设》的演讲，提出将“一带一路”建成和平之路、繁荣之路、开放之路、创新之路、文明之路。他说：“古丝绸之路沿线地区曾经是‘流淌着牛奶与蜂蜜的地方’，如今很多地方却成了冲突动荡和危机挑战的代名词。这种状况不能再持续下去。我们要树立共同、综合、合作、可持续的安全观，营造共建共享的安全格局。要着力化解热点，坚持政治解决；要着力斡旋调解，坚持公道正义；要着力推进反恐，标本兼治，消除贫困落后和社会不公。”[③]

① 习近平．习近平谈治国理政．北京：外文出版社，2014：290.
② 同①293.
③ “一带一路”国际合作高峰论坛重要文辑．北京：人民出版社，2017：7-8.

同时，“一带一路”建设也有助于中国的经济发展与国家安全：第一，有利于进一步释放中国的经济活力，提升中国的国际影响力；第二，有助于中国西部经济社会的发展，以西部大开放促进西部大开发；第三，有助于国际合作打击恐怖主义，确保中国西北边疆的稳定；第四，有助于保障中国的能源安全。除此之外，“一带一路”倡议的提出，打破了西方国家围绕欧亚大陆形成的战略围堵，同时避免了与美国迎头相撞，体现了中国领导人的胆识与智慧。

第二节 总体国家安全观的特征

我国现代化是并联式现代化，也是双重转轨叠加的现代化，即农业社会向工业社会转轨、工业社会向信息社会转轨。国家安全风险的复杂性与不确定性非常明显，需要我们“善于通过历史看现实、透过现象看本质，把握好全局和局部、当前和长远、宏观和微观、主要矛盾和次要矛盾、特殊和一般的关系，不断提高战略思维、历史思维、辩证思维、系统思维、创新思维、法治思维、底线思维能力”[①]。党的十八大之后，习近平总书记

① 习近平．高举中国特色社会主义伟大旗帜 为全面建设社会主义现代化国家而团结奋斗：在中国共产党第二十次全国代表大会上的报告．人民日报，2022－10－26．

创造性地提出总体国家安全观。总体国家安全观下的国家安全是国家总体安全。总体不是“综合”，不能以“拆零”思维加以认识，否则就会犯盲人摸象的错误。总体国家安全观关键在“总体”二字，它是中国共产党人治国理政思想的伟大创新。完整、准确、全面理解总体国家安全观，必须把握总体国家安全观的主要特征。

一、整体性

2014 年 4 月 25 日，在十八届中央政治局第十四次集体学习时，习近平总书记发表重要讲话，强调：“新形势下我国国家安全和社会安定面临的威胁和挑战增多，特别是各种威胁和挑战联动效应明显。我们必须保持清醒头脑、强化底线思维，有效防范、管理、处理国家安全风险，有力应对、处置、化解社会安定挑战。”① 总体国家安全观的总体性是指整体性，要求人们以整体的眼光来审视国家安全问题。总体国家安全不是各种国家安全的简单相加，我们不能以线性思维对其进行简单化的理解。

“国家安全既是一种社会现象，又是一种社会过程。当前，中国依然处于转型期，存在各类风险和不稳定因素，涉及国家安全治理体系的方方面面，触发点较多、敏感度较高、关联性较强。在新时代要做好国家安全工作，事关人民福祉，事关发展大局，必须要用系统的思维和全局的眼光加以审视，要更加重视单一突发事件可能引发的系统性连锁反应和对整个国家安全的全局性影响。”② 我国国家安全问题相互联系、相互影响、相互

---

① 中共中央党史和文献研究院. 习近平关于总体国家安全观论述摘编. 北京：中央文献出版社，2018：6.

② 全国干部培训教材编审指导委员会. 全面践行总体国家安全观. 北京：人民出版社，党建读物出版社，2019：138.

促动，体现出明显的联动效应。总体国家安全观更强调各类国家安全彼此之间的关联与互动以及由此引发的整体性影响，更强调以整体、全面、系统的方法应对复杂的国家安全危机，更强调统筹发展和安全。那种认为总体国家安全观过于“泛化”的观点是没有准确理解其深刻的内涵，是以还原主义解读总体国家安全的结果。

在经济全球化时代，由于各个部门、领域的相互联系、交流日益密切，其间的界限不断被安全风险所突破。加之信息高度透明，各种国家安全风险越发具有跨界性与耦合性。它们相互叠加、交织成为系统性风险，很可能会引发“蝴蝶效应”。全面、准确理解总体国家安全观，要清醒地认识到各种安全之间的差别与界限的模糊性及其彼此之间的重叠、关联、互动关系。在实践中，各领域的国家安全工作要站在总体国家安全观的高度，审视本领域国家安全与其他领域国家安全的相互关联、促动，而不是站在本位主义的立场突出某一方面的安全。

二、全面性

总体国家安全观是发展的安全观。它将发展与安全两件大事统筹加以考量，甚至认为发展也是安全问题。国家安全战略与国家发展战略是相提并论与相互促进的，发展是安全的基础，安全是发展的条件。总体国家安全观的提出不仅有利于国家安全水平的提升，也有利于国家发展水平的提升。在总体国家安全观指导下，我国提出军民融合发展战略，推动军民深度融合，即全要素融合、多领域融合、高效益融合。面对新一轮技术、产业和军事革命，它不仅是应对复杂性安全威胁的要求，也是赢得国际竞争战略主导权、实现“变道超车、弯道超车”的要求，有助于我们同时实现强国梦与强军梦。

在总体国家安全观视角下，国家安全工作要对内维护政治安全与社会稳定，对外维护主权、安全、发展利益。无论从国内外哪一个维度来看，同时提升国家安全水平和国家发展水平都是必要的，因为总体国家安全观是实现中华民族伟大复兴的强大保障。

三、层次性

在主持十九届中央政治局第二十六次集体学习时，习近平总书记提出："坚持中国特色国家安全道路，贯彻总体国家安全观，坚持政治安全、人民安全、国家利益至上有机统一，以人民安全为宗旨，以政治安全为根本，以经济安全为基础，捍卫国家主权和领土完整，防范化解重大安全风险，为实现中华民族伟大复兴提供坚强安全保障。"① 在总体国家安全观下，国家安全是一个层次清晰的系统。坚持总体国家安全观要"以人民安全为宗旨，以政治安全为根本，以经济安全为基础，以军事、文化、社会安全为保障，以促进国际安全为依托"②。这就是国家安全"五大要素"。党的十九大报告又提出，坚持总体国家安全观，必须坚持"国家利益至上"，这是对总体国家安全观的进一步完善。至此，总体国家安全观包括六大核心要素。

一是国家利益高于一切，因为国家是由人口、土地、主权等因素构成的。作为社会主义国家，中华人民共和国的一切权力属于人民。坚持国家利益之根本目的是使各族人民安全和根本利益能够切实、有效地得到维

① 习近平主持中央政治局第二十六次集体学习并讲话.（2020－12－12）. http://www.gov.cn/xinwen/2020－12/12/content_5569074.htm.

② 习近平. 习近平谈治国理政. 北京：外文出版社，2014：200－201.

护，这与以人民安全为宗旨的原则是一致的。二是以人民安全为宗旨要求在维护国家安全的过程中必须有效保护人民群众的合法权益和福祉。否则，维护国家安全就会因失去民意、民心的基础而没有意义。三是政治安全主要包括制度安全与政权安全。制度与政权受到严重威胁、导致政局动荡，国家安全的根基将不复存在。四是经济作为安全的基础，自身也存在安全问题。若经济不安全，维护国家安全就缺少必要的物质基础和条件。经济安全既是总体国家安全的组成部分，也是维护总体国家安全的先决条件。五是军事安全、文化安全、社会安全是国家安全的组成部分，也在软硬实力、治理体系和治理能力等方面提供了国家安全所需的保障性手段。六是在经济全球化时代，国家安全与国际安全休戚与共，维护国家安全必须以促进国际安全为依托，进而给国家的和平发展塑造一个稳定的外部环境。所以，总体国家安全观是系统性的国家安全观。总体国家安全观主次分明，条理清晰，在错综复杂的安全现象背后抓住了国家安全问题的本质。

四、辩证性

总体国家安全观是“两点论”与“重点论”的统一，不是“撒胡椒面”。总体国家安全观强调处理好五对重要关系：既重视外部安全，又重视内部安全；既重视国土安全，又重视国民安全；既重视传统安全，又重视非传统安全；既重视发展问题，又重视安全问题；既重视自身安全，又重视共同安全。“既……，又……”模式体现了“两点论”的思想。在经济全球化时代，总体国家安全观对外部安全与内部安全、国土安全与国民安全、传统安全与非传统安全、发展问题与安全问题、自身安全与共同安全的同时强调体现了当今时代安全风险的跨界性、渗透性与交互性。

但不容忽视的是，“两点论”不是均衡论，“两点”是有重点的“两点”。在不同的历史时期，国家安全的侧重维度有所不同。例如，在新时代，随着中国国力与军力的日益增强，国家安全威胁主要不再来自外部军事入侵，而是来自经济社会发展过程中的内部不稳定因素以及内外问题的共同作用。中国不自乱，何人能乱之？在经济转轨、社会转型的背景下，我国要重点防范、化解因社会矛盾、公共冲突而引发社会失稳的风险以及国内外不稳定、不确定性因素的相互促动。总体国家安全观虽然强调同时重视自身安全与共同安全，但维护自身安全、捍卫国家核心利益与重要利益是至高无上的。我们所说的维护共同安全绝不是以牺牲国家利益为代价，更不是重复戈尔巴乔夫“全人类利益高于一切”的幼稚错误。

五、客观性

我国将国家安全界定为“国家政权、主权、统一和领土完整、人民福祉、经济社会可持续发展和国家其他重大利益相对处于没有危险和不受内外威胁的状态，以及保障持续安全状态的能力”。在经济全球化背景下，各国的经济社会交往空前密切，人员往来日益频繁。一个国家的安全与国际安全息息相关。片面地追求绝对安全是行不通的，也是有损于国际安全的：一是有可能造成“安全困境”，增加其他国家的不安全感，增强国际军备竞赛，反倒会加剧自身的不安全；二是今天的许多安全问题如全球气候变化、国际恐怖主义、网络攻击等，必须以国际合作而非博弈的手段加以解决。习近平总书记提出构建人类命运共同体、完善全球治理，其重要原因就是全球性安全威胁让每个国家都难以独善其身，且一个国家追求绝对安全就可能意味着其他国家的绝对不安全。

不仅如此，我国国家安全强调“不受内外威胁”，其主要意思是“免于内外威胁”，而不是“没有内外威胁”。来自国内外的国家安全风险是难以根除的，关键是我们要增强管控风险的能力，降低面对风险影响的脆弱性，提升承受风险的韧性。此外，国家安全不是一种自然而然的状态，需要实现和维系安全状态的必要能力。在总体国家安全观视角下，我国对国家安全的界定采取了“状态＋能力”说。

六、政治性

总体国家安全观“以人民安全为宗旨”并不意味着与源于西方的“人的安全”相契合。人民是一个政治概念，与“敌人”相对。而“人的安全”导源于1994年联合国开发计划署发表的《人类发展报告》，它主要是指作为个体的人“免于恐惧的自由”和“免于匮乏的自由”。其主要特征为普遍、以人为本、相互依存、早期预防，由经济安全、粮食安全、卫生安全、环境安全、个人安全、社区安全和政治安全等7类安全组成。冷战结束后，“人的安全”这一概念反映出对以领土、主权为主的传统国家安全的超越。

西方学者认为：“威权政权为确保自身的生存而不顾公民的安全，通过强加国家意识形态和各种限制条件对公民的自由加以约束，人的安全因缺乏发展的政治空间而陷入了困境。”① 因而，某些西方国家经常以“人的

① 阿米塔夫·阿查亚．人的安全：概念及应用．杭州：浙江大学出版社，2010：10．

安全”为由，打着人权高于主权的旗号，对别国进行粗暴的入侵与武装干涉，造成人道主义危机并威胁其他国家的安全。总体国家安全观并不强调抽象意义上的人的安全。维护国家安全只有以暴力工具对敌对势力进行镇压，才能有效维护人民的安全和国家利益。同时，总体国家安全观又强调维护国家安全要安全与发展并重、确保公民福祉与合法权益，以更好地捍卫人权、反对霸权、维护主权。

七、开放性

习近平总书记在阐释总体国家安全观的讲话中指出，要“构建集政治安全、国土安全、军事安全、经济安全、文化安全、社会安全、科技安全、信息安全、生态安全、资源安全、核安全等于一体的国家安全体系”①。其中，“等”字意味着开放性，为未来拓展国家安全体系预留了充足的空间。换言之，总体国家安全观具有包容性、开放性、动态性，国家安全体系不只涉及上述 11 种国家安全。例如，在新《国家安全法》中，国家安全涉及了深海、太空、极地等安全问题，共有 19 种之多。

目前，人类社会正处于剧烈、深刻的变革与转型之中，影响国家安全的前沿性、颠覆性技术不断出现，由此带来的新问题将会不断凸显并被加以“安全化”。我国发展面临的风险既包括可以预见的风险，也包括不可预见的风险，各种风险交织、叠加后不断形成新的风险。我国国家安全体系所涉及的安全领域将会不断调整。在国家安全议程中，一些危及国家安全的新问题、新风险、新挑战有可能随时会被“置顶”，并被纳入国家安

① 习近平主持召开中央国家安全委员会第一次会议强调 坚持总体国家安全观 走中国特色国家安全道路. 人民日报，2014－04－16.

全体系。

不仅如此，在不同历史阶段，国家安全的重点工作任务不同，不能不分主次。习近平总书记提出："中央国家安全委员会要遵循集中统一、科学谋划、统分结合、协调行动、精干高效的原则，聚焦重点，抓纲带目，紧紧围绕国家安全工作的统一部署狠抓落实。"① 在2017年2月举行的国家安全工作座谈会上，习近平总书记指出："要突出抓好政治安全、经济安全、国土安全、社会安全、网络安全等各方面安全工作。"② 在这里他强调了政治安全、经济安全、国土安全、社会安全、网络安全等五大重点领域。全面统筹与抓纲带目是并行不悖的两个方面。

从"一个总体""六大要素""五对关系"到后来的"五个统筹""十个坚持"，总体国家安全观不断丰富和发展，日臻科学完善。

第三节

准确把握总体国家安全观

在十九届中央国家安全委员会第一次会议上，习近平强调"坚持科学

① 习近平．习近平谈治国理政．北京：外文出版社，2014：201.

② 习近平主持召开国家安全工作座谈会强调 牢固树立认真贯彻总体国家安全观 开创新形势下国家安全工作新局面．人民日报，2017－02－18.

统筹，始终把国家安全置于中国特色社会主义事业全局中来把握，充分调动各方面积极性，形成维护国家安全合力”①。准确把握总体国家安全观，必须坚持中国特色国家安全道路，必须认识总体国家安全的价值，必须澄清对总体国家安全观的认知误区。

一、坚持中国特色国家安全道路

1. 坚持党的领导

2014年2月17日，在省部级主要领导干部学习贯彻十八届三中全会精神全面深化改革专题研讨班上，习近平总书记指出：“我们治国理政的本根，就是中国共产党领导和社会主义制度。”② 这是中国能够有力地应剧变、平风波、防疫情、战洪水、化危机的根本原因。

2015年2月2日，在省部级主要领导干部学习贯彻党的十八届四中全会精神全面推进依法治国专题研讨班上，习近平总书记说：“我国社会主义政治制度优越性的一个突出特点是党总揽全局、协调各方的领导核心作用，形象地说是‘众星捧月’，这个‘月’就是中国共产党。在国家治理体系的大棋局中，党中央是坐镇中军帐的‘帅’，车马炮各展其长，一盘棋大局分明。”③ 在新时代，国家安全涉及方方面面，需要军队、外交、公安、安全等各个领域协调配合、形成合力。这也就需要在领导体制上形成高度的集中统一、统筹协调能力，以协同应对各种复杂

① 习近平主持召开十九届中央国家安全委员会第一次会议并发表重要讲话.（2018－04－17）. http://www.gov.cn/xinwen/2018－04/17/content_5283445.htm.

② 中共中央党史和文献研究院. 习近平关于总体国家安全观论述摘编. 北京：中央文献出版社，2018：24.

③ 同②31.

的局面。

2017 年 2 月 17 日，在国家安全工作座谈会上，习近平总书记强调："坚持党对国家安全工作的领导，是做好国家安全工作的根本原则。各地区要建立健全党委统一领导的国家安全工作责任制，强化维护国家安全责任，守土有责、守土尽责。"[①] 各级党委（党组）是维护国家安全的责任主体，同时各地区建立健全党委统一领导的国家安全工作责任制。这样，以党的领导为统领，以责任链条为经纬，就可以编织成一个有效维护国家安全的组织网络。

2018 年 4 月 17 日，在十九届中央国家安全委员会第一次会议上，习近平总书记强调："要坚持党对国家安全工作的绝对领导，实施更为有力的统领和协调。中央国家安全委员会要发挥好统筹国家安全事务的作用，抓好国家安全方针政策贯彻落实，完善国家安全工作机制，着力在提高把握全局、谋划发展的战略能力上下功夫，不断增强驾驭风险、迎接挑战的本领。要加强国家安全系统党的建设，坚持以政治建设为统领，教育引导国家安全部门和各级干部增强'四个意识'、坚定'四个自信'，坚决维护党中央权威和集中统一领导，建设一支忠诚可靠的国家安全队伍。"[②] 此次会议审议通过了《党委（党组）国家安全责任制规定》，明确了各级党委（党组）维护国家安全的主体责任，要求各级党委（党组）加强对履行国家安全职责的督促检查，确保党中央关于国家安全工作的决策部署落到实处。

---

① 习近平主持召开国家安全工作座谈会强调 牢固树立认真贯彻总体国家安全观 开创新形势下国家安全工作新局面．人民日报，2017－02－18．

② 习近平主持召开十九届中央国家安全委员会第一次会议并发表重要讲话．(2018－04－17)．http://www.gov.cn/xinwen/2018－04/17/content_5283445.htm．

2020年12月11日，在主持十九届中央政治局第二十六次集体学习时，习近平总书记就贯彻总体国家安全观提出10点要求。其中，排在第一位的就是“坚持党对国家安全工作的绝对领导，坚持党中央对国家安全工作的集中统一领导，加强统筹协调，把党的领导贯穿到国家安全工作各方面全过程，推动各级党委（党组）把国家安全责任制落到实处”①。中共十九届五中全会提出，把安全发展贯穿国家发展各领域和全过程。要实现这一点，就必须坚持党对国家安全工作的领导，因为“东西南北中，党是领导一切的”。

2. 坚持以人民安全为宗旨

人民是国家之本，是维护国家安全的基础性力量。人民安全是国家安全之本。我国的国家性质决定了必须始终以人民为中心，而我国的国家安全则相应地要求以人民安全为中心，也就是“以人民安全为宗旨”。

为中国人民谋幸福、为中华民族谋复兴，这是中国共产党的初心和使命。“我国的国体政体决定了党、人民和国家是一个共同体，这就决定了人民安全、政治安全和国家利益至上是相辅相成的有机统一体。”② 人民安全是国家安全的集中体现。在总体国家安全观的11个安全类型中并不包括人民安全，可见人民安全并非一个具体安全领域，而是体现在各个具体安全领域之中，各领域安全本质上都是该领域的人民安全。

改革开放以来，我国人民群众的物质文化生活水平得到大幅提高，但是人民群众的幸福感、满意度、对政府和社会的信任感却有待提升，其原

---

① 习近平主持中央政治局第二十六次集体学习并讲话.（2020-12-12）. http://www.gov.cn/xinwen/2020-12/12/content_5569074.htm.

② 全国干部培训教材编审指导委员会. 全面践行总体国家安全观. 北京：人民出版社，党建读物出版社，2019：33.

因就在于改革发展的攻坚期也是矛盾凸显期，各种不安全因素集中爆发、相互耦合。我们必须真正落实“以人民安全为宗旨”，通过体制改革和政策优化，有力引导社会预期，帮助群众树立安全信心，进而争取时间加快改善人民安全状况。

习近平总书记指出：“国家安全工作归根结底是保障人民利益，要坚持国家安全一切为了人民、一切依靠人民，为群众安居乐业提供坚强保障”[①]。为了人民、依靠人民，一方面要维护广大人民群众的安全权益，另一方面要发挥人民群众的积极性、主动性、创造性，汇聚起维护国家安全的强大力量，构建起维护国家安全的人民防线。这充分显示，人民安全是国家安全的核心，总体国家安全观是以人为本、以民为本的安全观。

民安是国安的基础，国安是国强的支撑。我们要站在中华民族伟大复兴的历史高度，全力维护和平与发展的时代主题，全力化解经济体制深刻变革、社会结构深刻变动、利益格局深刻调整、思想观念深刻变化带来的内生风险，为中国梦的实现保驾护航。

3. 坚持底线思维

作为一种思维技巧，底线思维（bottom-line thinking）要求人们认真计算风险，设想可能出现的最坏情况。底线思维要求人们在应对突发事件时做最坏的打算、做最好的准备，把危机情境设想得足够复杂。2017 年 2 月 17 日，习近平总书记在国家安全工作座谈会上指出：“要准确把握国家安全形势，牢固树立和认真贯彻总体国家安全观，以人民安全为宗旨，走

① 习近平主持召开国家安全工作座谈会强调 牢固树立认真贯彻总体国家安全观 开创新形势下国家安全工作新局面. 人民日报，2017-02-18.

中国特色国家安全道路，努力开创国家安全工作新局面，为中华民族伟大复兴中国梦提供坚实安全保障。”“不论国际形势如何变幻，我们要保持战略定力、战略自信、战略耐心，坚持以全球思维谋篇布局，坚持统筹发展和安全，坚持底线思维，坚持原则性和策略性相统一，把维护国家安全的战略主动权牢牢掌握在自己手中。”①

作为总体国家安全观的创立者，习近平总书记多次强调，保证国家安全是头等大事。但是，在新形势下，我国国家安全和社会安定面临的威胁和挑战增多，有些风险是可以预测的，有些风险是难以预测的，还有些风险是不能预测的。而且，各种威胁和挑战联动效应明显。所以，我们必须保持清醒头脑，强化底线思维，有效防范风险，有力应对挑战。

4. 坚持共同安全

在阐述总体国家安全观时，习近平主张同时重视自身安全与共同安全。在阐述亚洲安全观时，习近平倡导共同、综合、合作、可持续的安全。他认为，安全应该是普遍、平等和包容的，共同安全就是要尊重和保障每一个国家安全。在阐述网络安全观时，习近平提出“网络安全是共同的而不是孤立的”②。在阐述核安全观时，他强调“自主和协作并重，以互利共赢为途径寻求普遍核安全”③。亚洲安全观、网络安全观、核安全观都是总体国家安全观在具体领域的延伸与体现。所以，坚持共同安全是总体国家安全观的一个特色。在主持十九届中央政治局第二十六次集体学习时，习近平总书记强调要“坚持推进国际共同安全，高举合作、创

① 习近平主持召开国家安全工作座谈会强调 牢固树立认真贯彻总体国家安全观 开创新形势下国家安全工作新局面. 人民日报，2017-02-18.

② 习近平. 在网络安全和信息化工作座谈会上的讲话. 北京：人民出版社，2016：16.

③ 习近平. 习近平谈治国理政. 北京：外文出版社，2014：255.

新、法治、共赢的旗帜，推动树立共同、综合、合作、可持续的全球安全观，加强国际安全合作，完善全球安全治理体系，共同构建普遍安全的人类命运共同体”①。人类是不可分割的安全共同体，追求自身安全绝不能以牺牲别国安全为代价。

5. 坚持防范化解重大风险

安全与风险是一个硬币的两面。坚持贯彻总体国家安全观必须防范化解国家安全风险。总体国家安全是整体安全，而国家安全风险的主要形态是系统性风险。贯彻落实总体国家安全观，首先必须不断增强塑造国家安全态势的能力，因为塑造是更具前瞻性的维护；其次，必须坚持把防范化解国家安全风险摆在突出位置，提高风险预见、预判能力，力争把可能带来重大风险的隐患发现和处置于萌芽状态，防止其演变为国家安全危机；最后，一旦国家安全危机形成，就要及时采取有效的措施予以管控，最大程度降低危机的影响后果。因此，统筹维护国家安全和塑造国家安全十分必要。

二、澄清对总体国家安全观的认识误区

研究新时代国家安全，要在“总体”二字上下功夫。总体国家安全观强调全政府、全社会以全手段的方式应对国家安全的全风险。新时代国家安全战略统摄的不是传统国家安全部门的业务，即超越了情报与反情报、间谍与反间谍的范畴。当然，国家安全部门的业务维护的是国家秘密安全，涉及总体国家安全的各个领域。但是，维护国家秘密安全也只是维护国家总体安全的一个手段，而非全部手段。“总体国家安全观突出的是

① 习近平主持中央政治局第二十六次集体学习并讲话.（2020－12－12）. http://www.gov.cn/xinwen/2020－12/12/content_5569074.htm.

'大安全'理念，关键在'总体'。总体安全，是全面的、整体的、系统的安全，是发展的、动态的安全，是开放的、共同的安全，是主动塑造的安全。实现总体安全，必须坚持系统思维，加强科学统筹。"[①] 全面、准确理解总体国家安全观，这是探索新时代国家安全规律的基础。任何还原主义、线性思维、静止观点，都是对总体国家安全观的"矮化"，其研究的不过是总体国家安全的"相关问题"，而非问题本身。因此，我们需要澄清对总体国家安全观认识的误区。

1. 总体国家安全观不只是对国家安全形势的认识

总体国家安全观既是新时代我国对国家安全形势的基本认识，也是新时代我国解决国家安全问题、应对国家安全挑战的根本方法。总体国家安全观同时具有认识论与方法论的双重意义。在新时代，我国面临的国家安全形势错综复杂，国家安全的内涵与外延空前丰富、时空范围十分宽广。总体国家安全观的提出为我们高屋建瓴地把握国家安全形势提供了有力的认识工具。同时，总体国家安全观又为我们解决复杂性安全问题、实现国家长治久安提供了科学的方法。

"总体国家安全观"在 2015 年发布的《中国的军事战略》白皮书中被翻译为"a holistic view of national security"，而在 2017 年党的十九大报告英文版中被翻译为"a holistic approach to national security"。相比较而言，approach 比 view 更为精确，因为 approach 有"方式、方法、态度"的意思，而"态度"也具有"观点"的意蕴。总体国家安全观对构建、形成适合中国世情、国情、党情的国家安全制度和政策具有重要的指导意义。此

① 国家安全部党委．为建设社会主义现代化国家提供坚强安全保障（深入学习贯彻习近平新时代中国特色社会主义思想）．人民日报，2021－04－15．

外，贯彻落实总体国家安全观必须体现在体制、机制、法制、政策等操作层面，以解决经济社会发展过程中的国家安全问题。疫情要防住，经济要稳住，发展要安全。面对多样化目标和任务，我们可以从总体国家安全观中汲取智慧并找到统筹兼顾的方法。

2. 总体国家安全观不等于国际安全观

在总体国家安全观下，维护国家安全要重视外部安全，但国际安全只是依托，问题的关键和最终目的还是确保中国的自身安全。“国家安全”这一概念起源于1947年的美国《国家安全法》，主要是指国家的对外安全，即以民族国家为主体的国际安全。在相当长的时期内，我国的国家安全主要是国际关系学者的研究领域。受此惯性思维的影响，有人强调国家安全主要是对外安全或国际安全。其实，总体国家安全观强调内外安全的联动，甚至于更强调以社会问题为基础的内部安全。2015年1月，中央政治局召开会议审议《国家安全战略纲要》。虽然这份文件的具体内容没有公开，但新闻稿中对国家安全形势进行了如下描述：“当前，国际形势风云变幻，我国经济社会发生深刻变化，改革进入攻坚期和深水区，社会矛盾多发叠加，各种可以预见和难以预见的安全风险挑战前所未有，必须始终增强忧患意识，做到居安思危。”[①] 文中对国内形势重点着墨。可见，在总体国家安全观下，确保内部安全是有效维护国家安全的重中之重。外部安全是国家安全的环境，内部安全是国家安全的基础。以往，以外部安全为国家安全、以内部安全为公共安全的切割与划分今天不再符合实际，以捍卫外部安全为国家安全核心的做法也变

① 中共中央政治局审议通过《国家安全战略纲要》. 人民日报，2015-01-24.

得不合时宜。内因是变化的根据，外因是变化的条件。在总体国家安全观下，统筹内外安全并以内部安全为出发点和落脚点，才能更好捍卫国家安全。

3. 总体国家安全观不是“新安全观”或“综合安全观”

“新安全观”之“新”主要是相对于冷战时期以军事安全、政治安全、外交安全为主的传统国家安全而言。冷战结束后，国际非政府组织、跨国公司等非国家行为体在国际舞台上日趋活跃，而且重大自然灾害、传染病疫情、恐怖主义、金融危机、网络攻击等非传统安全问题凸显。国家安全威胁不断从传统领域向非传统领域延伸、扩展。“新安全观”彰显了非传统安全与传统安全的差别，其本质是非传统安全观。而总体国家安全观由于强调同时重视传统安全与非传统安全，既吸纳了“新安全观”的合理内核，又超越了“新安全观”。

“综合安全观”是既包括传统安全也包括非传统安全的安全观，可以看作是对传统安全观与“新安全观”的兼容并包。“综合安全观”突出安全问题的多样性，其本质是一种复合性安全观。而总体国家安全观的本质则是一种复杂性安全观，不仅强调安全问题的多样性，更强调多种安全问题间的相互关联、耦合与互动。

复杂与复合有着本质的区别。机械可以拆分，机体则不能拆分。人们通常用“复合”来描述机械的难以拆解性，但用“复杂”来形容机体的不可拆解性。“复杂”（complex）与“复合”（complicated）是不同的，尽管二者都被用来形容某一体系，都具有多个构成元素。“一个系统，尽管它可以是由极其大量组分构成，但倘若可从其个体组成而获得关于系统的某种完整描述，这样的系统仅仅就是复合的”，如喷气式飞机。但是，“系统组成之间、系统与环境之间具有相互作用的复杂系统，则具有这样的属性：作为整体的系统不可能只通过分析其组分而得到完全理解。而且，这样的一些关系并非固定不变的，而是流动着、变化着，常常是作为自组织（self-organization）的结果。这会产生出新的特征，通常称作涌现性质（emergent properties）”，例如大脑①。可见，总体国家安全观强调将国家安全看作一个有机整体，是复杂性安全观，反映了人类从工业社会向后工业社会迈进过程中所彰显的高度复杂性与高度不确定性。

三、总体国家安全观是开放和动态演进的安全观

党的十九届六中全会审议通过的《中共中央关于党的百年奋斗重大成就和历史经验的决议》强调：“必须坚持底线思维、居安思危、未雨绸缪，坚持国家利益至上，以人民安全为宗旨，以政治安全为根本，以经济安全为基础，以军事、科技、文化、社会安全为保障，以促进国际安全为依托，统筹发展和安全，统筹开放和安全，统筹传统安全和非传统安全，统筹自身安全和共同安全，统筹维护国家安全和塑造国家安全。”② 发展和安全、开放和安全、传统安全和非传统安全、自身安全和共同安全、维护国家安全和塑造国家安全的全方位统筹是对总体国家安全观的极大丰富与发展。

在中华民族伟大复兴战略全局和世界百年未有之大变局以及新冠肺炎

---

① 保罗·西利亚斯. 复杂性与后现代主义：理解复杂系统. 上海：上海科技教育出版社，2006：前言 2.

② 中共中央关于党的百年奋斗重大成就和历史经验的决议（2021 年 11 月 11 日中国共产党第十九届中央委员会第六次全体会议通过）. 人民日报，2021－11－17.

疫情相互叠加的背景下，发展和安全之间的张力变大。统筹发展和安全的难度在增加，同时价值也在提升。疫情要防住，经济要守住，发展要安全，这对治国理政和经济社会发展都提出了前所未有的挑战。更有效地维护国家安全，是进入新发展阶段、贯彻新发展理念、构建新发展格局的基础。“推动创新发展、协调发展、绿色发展、开放发展、共享发展，前提都是国家安全、社会稳定。没有安全和稳定，一切都无从谈起。”[①] 在新发展阶段，我国不仅要实现发展和安全并重，而且要统筹发展和安全，实现二者的深度融合，将安全发展的理念贯彻到党和国家工作的各领域、全过程，同经济社会发展一起谋划、一起部署。

在此基础上，党中央站在全方位统筹的视角，提出贯彻新发展理念和落实总体国家安全观，构建新发展格局和构建安全新格局或大安全格局，实现高质量发展与高水平安全的良性互动。这是有着深刻内涵的。构建新发展格局，我们要实现以国内大循环为主体，国内国际双循环相互促进。国内可循环是大国的“标配”。在新冠肺炎疫情对产业链供应链造成严重影响的背景下，构建新发展格局显得尤为重要。但是，以国内大循环为主体并不意味着与世界脱钩的“孤立主义”。历史经验表明，封闭必然意味着落后。在坚持对外开放的过程中，我们要统筹开放与安全，决不能因为经济利益而无视国家安全利益。在经济全球化时代，中国追求的国家安全是相对的，而不是绝对的。换言之，既维护自身安全，又维护共同安全，因为：面对全球气候变化、恐怖主义、网络犯罪等日益复杂的安全风险，没有一个国家能够独善其身。因此统筹开放与安全、自身安全与共同安全

① 中共中央党史和文献研究院．习近平关于总体国家安全观论述摘编．北京：中央文献出版社，2018：10.

十分重要。

当前，人类面对的安全威胁往往表现出传统与非传统界限的模糊性、性质的复合性。中国维护国家安全既要提升应对传统安全威胁的能力，也要发展应对非传统安全威胁的能力。维护国家安全，要主动塑造国家安全，因为塑造是更具前瞻性的维护，下好先手棋，打好主动仗，培育国家安全韧性，塑造国家安全态势。因此，我们要统筹传统安全与非传统安全、统筹维护国家安全与塑造国家安全，这是贯彻落实总体国家安全观的必然要求。

在新发展阶段，总体国家安全观与新发展理念是相辅相成的，都体现了系统思维。构建新发展格局必然要构建大安全格局或安全新格局。总体国家安全观是构建大安全格局的思想基础，为推动高质量发展与高水平的良性互动提供了理论支撑，有助于我们守住新发展的安全底线。

第三章

国家安全现代化的理论基础

“总体国家安全观是我们党历史上第一个被确立为国家安全工作指导思想的重大战略思想，是习近平新时代中国特色社会主义思想的重要组成部分，是当代中国对世界的重要思想理论贡献。”① 作为社会稳定与国家长治久安的基石，国家安全是我国应对重大挑战、抵御重大风险、克服重大困难、解决重大矛盾、进行伟大斗争的重要保障。推进国家安全现代化，要继承古今中外一切优秀思想成果，特别是马克思的整体性理论以及系统科学理论。

第一节　古今中外优秀安全思想

总体国家安全观充分、集中反映了习近平总书记非凡的政治智慧、斗争精神与艺术以及领导才能。同时，它是对我国新时代国内外安全形势的客观反映。其形成是在借鉴、扬弃古今中外安全思想的基础上所进行的创新，既吸收了中国传统安全思想的精华，又汲取了国外优秀安全思想的养料，更继承和发展了马克思主义的总体性思想。

① 中共中央宣传部，中央国家安全委员会办公室．总体国家安全观学习纲要．北京：学习出版社，人民出版社，2022：1.

一、中国传统安全思想精华

中国是有着五千年悠久历史的文明古国。习近平总书记讲，中国优秀传统思想文化体现着中华民族世世代代在生产生活中形成和传承的世界观、人生观、价值观、审美观等，其中最核心的内容已经成为中华民族最基本的文化基因。这些最基本的文化基因，是中华民族和中国人民在修齐治平、尊时守位、知常达变、开物成务、建功立业过程中逐渐形成的有别于其他民族的独特标识。“抛弃传统、丢掉根本，就等于割断了自己的精神命脉。”[①] 因此，尽管古代只有王朝安全而无民族国家的安全，但构建具有中国特色的国家安全思想必须从中国古代传统国家安全思想中汲取营养，从而推陈出新、革故鼎新。

1. 强烈的忧患意识

中华民族自古就多灾多难，这使得古代先贤哲人很早就开始思考国家安全问题并构建起浓厚的忧患意识。早在先秦时期，兵书《司马法》就记载“天下虽安，忘战必危”。虽然现在已经处于和平时期，但不要忘记战争随时可能爆发，国家仍然处于危机状态。《周易・系辞下》中说，“安而不忘危，存而不忘亡，治而不忘乱，是以身安而国家可保也”。《左传・襄公十一年》记载：“《书》曰：‘居安思危。’思则有备，有备无患。”老子主张“为之于未有，治之于未乱”。这些先贤思想无一不蕴含着古人对和平与战争的思考，强调随时保持忧患意识对国家安全的重要性。

---

① 中共中央党史和文献研究院．习近平关于总体国家安全观论述摘编．北京：中央文献出版社，2018：110.

2. 朴素的民本思想

民本思想源远流长，古人认为国家安定的根源在于百姓的安居乐业。“《传》曰：‘君者，舟也；庶人者，水也。水则载舟，水则覆舟。’此之谓也。”（《荀子·王制》）“其养民也惠，其使民也义。”（《论语·公冶长》）“民为贵，社稷次之，君为轻。”（《孟子·尽心下》）虽然从现代视角出发，这些观点是以维护统治阶级的统治为根本出发点而产生的朴素民本思想，但确是从国家安全角度考虑了为民之重要性及其与国家存亡之间的关系。历朝历代的统治者或者君主中不乏十分重视民生问题者，如李世民的“水能载舟，亦能覆舟”、乾隆的“以养民为本”等等，都蕴含着从民本角度对国家安全的思考与总结。

3. 全面的系统性

古人很早就意识到国家安全是国家综合实力的体现，并不只是武力和军事能力的体现。经济、文化、政治等多方面建设也是国家安全建设的重要组成部分。《逸周书·武纪解第六十八》中云：“内事文而和，外事武而义”。《史记》中也强调，“文武并用，长久之术也”。孔子说：“有文事者，必有武备；有武事者，必有文备。”《尉缭子》中说：“兵者，以武为植，以文为种；武为表，文为里。”这都体现了军事建设与政治建设文武相长的思想。同时战国法家、兵家系统地提出了“富国强兵”和“农战”思想，认为国家安全的根本在于富国强兵，“国富者兵强，兵强者战胜”，而富国强兵的关键是“重农战”，即重视农业和战争，“国待农战而安，主待农战而尊”。

中国古代先人的安全思想是中华民族战略思想的宝贵财富，是对过去维护国家安全的经验总结和生动实践体现。2014 年 9 月 24 日，习近平在纪念孔子诞辰 2 565 周年国际学术研讨会暨国际儒学联合会第五届会员大会开幕会上的讲话中强调："中国优秀传统文化的丰富哲学思想、人文精神、教化思想、道德理念等，可以为人们认识和改造世界提供有益启迪，可以为治国理政提供有益启示，也可以为道德建设提供有益启发。"[①] 对传统文化中适合于调理社会关系和鼓励人们向上向善的内容，我们要结合时代条件加以继承和发扬，赋予其新的含义。因此，我们必须在继承的基础上创新我国新型国家安全理论。

二、西方国家安全理论

西方国家安全理论主要有三大流派，即现实主义、自由主义和建构主义。总体国家安全观以海纳百川的气度，吸纳了其中的合理元素并对其进行了超越。

1. 现实主义安全理论

现实主义安全理论假定由单个国家所组成的国际社会处于无政府状态，即没有权威可以约束单一主权国家的行为，这一现实状况使得国家必须首先考虑自身安全，而这种安全考虑只能依靠本国自身的能力。因此，在一个不存在"世界政府"的状态下，每个国家都处于一种自我依靠的状态，即主权国家主要是依靠本国自身的资源和能力来参与国际权力或是生存角逐，将自己的实力作为获得国家安全的唯一途径，但自助又使得国际社会中的每一个国家变得不安全，不得不处于战争的状态[②]。这就是约

---

① 习近平. 在纪念孔子诞辰 2 565 周年国际学术研讨会暨国际儒学联合会第五届会员大会开幕会上的讲话. 北京：人民出版社，2014：7.

② Robert Keohane. Neorealism and its critics. New York：Columbia University Press，1986：172.

翰·赫兹所谓的“安全困境”，当国家试图赢得安全防范攻击时，国家就不得不更多地获取权力以避免其他国家获得权力对其造成的影响。其结果是，这反过来又使其他国家感到不安，促使它们为了应对最坏的情况，增加它们的武力准备。在这样一个组合单元竞争的世界里，没有一个国家可以感受到完全的安全，随之而来的是权力竞争，安全与权力积累的恶性循环将会诞生①。可以说，这一基本假设是各种现实主义安全理论流派的基础，基于此，现实主义安全理论提出发展军事力量、获得国际权力两个基本主张。

2. 自由主义安全理论

自由主义安全理论与现实主义安全理论有着较大差别，它并非单单强调国际竞争中国家间的权力与力量斗争，而是突出强调在国际社会中合作、协同、互助的积极意义。相比于现实主义安全理论，自由主义安全理论更加理想化。早期自由主义思潮源自两次世界大战带给全人类的巨大灾难，在这样的背景之下，许多学者开始反思，并希望构建一个和平、公正、民主的国际关系新格局。基于此，基欧汉和奈提出了相互依赖理论，认为：全球化是一个相互依赖的时代，相互依赖是指国家之间或不同国家的行为体之间的相互影响，是一种客观存在，不能用好与坏做区分②。基欧汉和奈对国家间复合相互依赖的作用概括如下：首先，各个国家的社会之间的多层次、多渠道联系不断增多，既包括国家之间的联系，也包括跨国联系和跨政府联系。其次，国家之间关系的议程设置越来越多样化，军

---

① John Herz. Idealist internationalism and the security dilemma. World politics，1950（2）.

② Robert Keohane，Joseph Nye. Power and interdependence：world politics in transition. Boston：Little & Brown，1977：10.

事问题并非始终是国家间关系的首要问题。最后，在国际政治中，军事手段在完全相互依赖的国家中的作用在减小，经济相互依赖及国家间扩大的政治联系已受到日益关注[①]。基欧汉在《霸权之后：世界政治经济中的合作与纷争》（*After Hegemony: Cooperation and Discord in the World Political Economy*）中提出的“后霸权”（post hegemony）合作理论应是国际机制安全论思想的集中体现。他认为，多国合作是国际机制形成的前提，国际机制是多国合作的保障，有了国际机制，国际秩序才能够有效地被维持。他批评了“霸权稳定论”，认为霸权之后有多国合作的可能性。国际机制能够适应后霸权时代的需求，能够促使霸权之后多国展开合作，因为各国在国际关系中某一特定领域存在着共同利益和价值，如果缺乏一定国际机制的保障，多国合作则无法实现，共同利益和价值也无法获得。而国际机制的建构将是各国为共同利益和价值的追求而展开合作的最佳途径。国际机制一旦建立并发展成熟，霸权衰落与否都不会阻止合作的实现。

3. 建构主义安全理论

建构主义安全理论是20世纪90年代兴起的安全理论学说，其源自对现实主义安全理论和自由主义安全理论的反思和重构。建构主义采用最不激进的社会学方法重读国际政治，注重的不是国际关系的物质结构而是社会规范结构，强调规范（norm）、认同（identity）和文化（culture）对国家行为及利益形成过程的功效价值。温特认为，社会结构是动态的，其存在的条件是行为体之间的互动过程。例如，行为体可以根据自己设定的理论框架建构国家之间的冲突，也可以建构国家之间的合作。当然，建构主

① Robert Keohane, Joseph Nye. Power and interdependence: world politics in transition. Boston: Little & Brown, 1977: 25.

义者对社会结构在国际安全中的作用也做了辩证的分析。温特认为，行为体只有不断地参与国际互动，才能在世界经济与政治的相互依赖中形成“集体认同”，从而对国际环境和战争危害度产生共识以进一步推动行为体之间的互动与合作，增强彼此间的信任感①。

安全共同体（security community）的概念最早是由多伊奇于 1957 年在对北约的安全状况进行分析时提出来的。他认为，一体化集团内部的成员要确信，彼此之间的争端或冲突靠的不是武力手段而是用其他方式予以解决的。建构主义者采用社会学视野进一步加深了对安全共同体的理解，从行为体间的互动逐步提升为一定程度的互惠利他意愿的显现，最终上升为具有共同认同和集体认同的预期②。

三、风险社会理论

20 世纪 80 年代，德国著名社会学家乌尔里希·贝克提出了风险社会理论。后来，英国著名社会学家安东尼·吉登斯又进一步丰富和完善了这一理论。所谓的风险社会，就是指 20 世纪 50 年代以来的后工业社会。

在后工业社会里，各种自然与人为的事故和灾难频繁发生，自然灾害、核事故、传染病、恐怖主义袭击等使世界各国面临着公共危机高发、多发、频发的局面，严重影响着人类社会的和谐与安宁。

根据贝克的观点，在后现代社会中，风险的影响和后果具有延展性，超越了民族国家的地理疆界。贝克认为，在风险社会里，“占据中心舞台

---

① Alexander Wendta. Collective identity formation and the international state. American political science review，1994（2）.

② Emanuel Adler，Michael Barnett. Security communities. New York：Cambridge University Press，1998：38－50.

的是现代化的风险和后果，它们表现为对于植物、动物和人类生命的不可抗拒的威胁。不像19世纪和20世纪上半期与工厂相联系的或职业性的危险，它们不再局限于特定的地域或团体，而是呈现出一种全球化的趋势，这种全球化跨越了生产和再生产，跨越了国家界线。在这种意义上，危险成为超国界的存在，成为带有一种新型的社会和政治动力的非阶级化的全球性危险”①。一国内发生的危机可以蔓延出国境，造成国际影响，同时，国际上发生的危机也可能扩散到一国境内。所以，公共危机管理应该具备一种宽广的国际视野，密切与其他国家的合作，特别要注重防范系统性、复杂性的风险。

作为工业化的产物，现代风险不仅有着全球化的趋势，还有着不可感知的特征。“在今天，文明的风险一般是不被感知的，并且只出现在物理和化学的方程式中（比如事物中的毒素或核威胁）。”② 现代风险往往具有高度的不可预测性及不确定性，这对人类在风险问题上的预测、预警能力及处置、干预能力提出挑战。

人类的理性是有限的，思维也存在着各种盲区。特别是随着科学技术的快速发展，人们所面对的风险更加具有不可感知性和不确定性，许多甚至表现出防不胜防的特征。一些公共危机的发生概率虽小，但损害结果很大。因而，人类要在强化防范意识的同时，增强综合性地应对各种公共危机的能力。

作为一个社会学家，贝克提出风险社会理论，为的是对人类文明进程和现代化进行反思，其中所谓的“风险”侧重的是“人为的风险”。他说：

---

① 乌尔里希·贝克. 风险社会. 南京：译林出版社，2004：7.

② 同①18.

“自然和传统无疑不再具备控制人的力量，而是处于人的行动和人的决定的支配之下。夸张地说，风险概念是个指明自然终结和传统终结的概念；或者换句话说，在自然和传统失去它们的无限效力并依赖于人的决定的地方，才谈得上风险。”[①] 在人化的环境中，自然灾害的过程可能是自然的，但其成因或后果却是社会的。

风险使承受者平等地分摊风险的结果，打破了社会阶层的划分，体现了一定的民主性。贝克形象地说：“贫困是等级制的，化学烟雾是民主的。随着现代化风险的扩张——自然、健康、营养等等的危机——社会分化和界限相对化了。……客观地说，风险在其范围内以及它所影响的那些人中间，表现为平等的影响。……在这种意义上，风险社会确实不是阶级社会；其风险地位或者冲突不能理解为阶级地位或冲突。”[②] 如今，世界各国之间的经济社会联系越发密切，在应对公共危机方面，必须同舟共济、彼此合作、风险共担。

在当今世界体系中，处于中心的发达国家不断地向处于边缘的发展中国家释放风险。这也会给发达国家造成反伤自身的“回旋镖效应”。但是，由于经济发展水平的差异，外围国家的脆弱性较强、抗灾能力弱，受公共危机的影响也就更大。毫无疑问，发达国家不仅应该放弃不公正、不合理的国际政治经济旧秩序，而且应该对发展中国家履行不附加任何政治条件的发展援助义务。

当代英国著名的社会学家吉登斯认为，现代性是一个“风险社会”。

---

① 乌尔里希·贝克，威廉姆斯. 关于风险社会的对话//薛晓源，周战超. 全球化与风险社会. 北京：社会科学文献出版社，2005：3-4.

② 乌尔里希·贝克. 风险社会. 南京：译林出版社，2004：38.

他所谓的现代性，就是指现代社会或工业文明。吉登斯在对资本主义进行深入分析的基础上，得出结论：现代性存在四种制度性维度。“一是资本主义企业的强烈的竞争与扩张本质所带来的技术创新的持续性和普遍性；二是这种高度技术创新产生的一个结果，使经济关系极大地支配着其他制度；三是资本的所有权直接与雇佣劳动的商品化相关联，阶级关系直接内化于资本主义生产的范围中；四是国家的自主性在很大程度上受到资本积累的制约，国家还远远不能控制资本积累。”① 现代性之所以是一个风险社会，是因为这四种制度性维度都隐含着严重的风险：一是经济增长机制的崩溃，二是极权的增长，三是生态破坏和灾难，四是核冲突和大规模战争。

荷兰著名的危机管理学家罗森塔尔将当今世界的特征描述为：“不可预测的”（unexpected）、“不可规划的”（unscheduled）、“前所未有的”（unprecedented）、“不可控制的”（unmanageable）②。美国知名学者福山也说：“在全球政治中，没有什么如同不确定性那般确定。”③ 在经济全球化时代，风险也被全球化了，并对人类的生存构成了前所未有的威胁。由于各国之间经济、社会交往的日益频繁以及科学技术的日新月异，人类面临的系统性、复杂性风险增多，极端事件不断发生。

当今世界处于无所不在又无时不在的风险之中，这与后工业社会的深度不确定性和深度复杂性有着密切的关系。张康之说：“在农业社会的历史条件下，社会是简单的和确定的，进入工业社会后，社会则呈现出复杂

---

① 陈嘉明．现代性与后现代性十五讲．北京：北京大学出版社，2006：243．

② Rosenthal U. Coping with crises：the management of disasters，riots and terrorism. Springfield：Charles Thomas Publisher，1989：5．

③ 弗朗西斯·福山．意外：如何预测全球政治中的突发事件与未知因素．北京：中国社会科学出版社，2014：1．

性和不确定性。但是，在整个工业社会的历史阶段中，社会的复杂性和不确定性依然是一种低度复杂性和低度不确定性，而从 20 世纪 80 年代开始，社会的复杂性和不确定性迅速地增长，以至于我们今天所面对的是一个高度复杂性和高度不确定性的社会。”① 我们今天的组织形态依旧是适应工业化社会低度复杂性和低度不确定性的官僚组织，不能适应高度复杂性、高度不确定性的社会环境，就如同拿着昨日的旧船票难以登上今天的客船。

诚然，贝克的风险社会理论聚焦社会风险，而非国家安全风险，但是，社会风险与国家安全风险之间并不存在难以逾越的鸿沟。国家安全风险是社会风险传导、放大、交织、叠加后具有极端政治性的结果。今天，小的风险可以演变成大的风险，局部性风险可以演变为全局性风险，公共风险可以演变为政治风险。而且，贝克锁定的后工业社会风险的高度复杂性、深度不确定性，对于我们研究国家安全难以预料的风险和风险综合体，具有十分突出的借鉴作用。

第二节

马克思的总体性理论

党的十九大报告将坚持总体国家安全观作为习近平新时代中国特色社

① 张康之．合作的社会及其治理．上海：上海人民出版社，2014：17.

会主义思想的一大重要方略并将其写入新修改的党章。全面、深刻、准确地理解总体国家安全观，关键在于科学地把握总体国家安全观的总体性。这对于我国走出一条有特色的国家安全道路、实现持续繁荣稳定、维护各族人民的根本利益具有重大的理论意义。

一、总体性理论溯源

马克思考察人类社会及其发展历史所使用的基本方法是总体性原则。在研究政治经济学的过程中，他对“总体”的哲学内涵是这样阐释的：“不同要素之间存在着相互作用。每一个有机整体都是这样。”[①] 在马克思那里，总体性就意味着整体性，是指“事物的诸方面（属性、要素、关系、运动）之间的相互依存、相互联系、相互影响和相互作用的不可分割性”[②]。在总体性视角下，社会被看成一个有机整体，各个要素、各个环节之间具有内在联系。

在人类思想史上，“总体性”的概念发轫于黑格尔。他用“总体性”统一了以往被割裂的思维与存在的关系。但是，黑格尔将历史归结为绝对精神的自我生成与发展，颠倒了思维与存在的关系，陷入了唯心主义的泥潭。按照黑格尔的观点，绝对精神就是总体，万事万物都可以统一为绝对精神。在《精神现象学》序言中，他的一句名言“真理是整体”就表达了这种思想。

总体性思想虽来源于黑格尔哲学，但马克思对黑格尔思想进行了唯物主义改造，即对人类社会生活进行了整体性的理解。所以，马克思的总体

---

① 马克思恩格斯全集：第 30 卷. 2 版. 北京：人民出版社，1995：41.

② 张云飞. 马克思总体性方法及其学科建设意义. 教学与研究，2008 (7).

性思想又超越了黑格尔。正如匈牙利思想家卢卡奇所说："总体性范畴，整体对各个部分的全面的、决定性的统治地位，是马克思取自黑格尔并独创性地改造为一门全新科学的基础方法的本质。"①

在1843年的《〈黑格尔法哲学批判〉导言》中，马克思指出："人不是抽象的蛰居于世界之外的存在物。人就是**人的世界**，就是国家，社会。"② 在《1844年经济学哲学手稿》中，马克思说："人是一个**特殊的**个体，并且正是他的特殊性使他成为一个个体，成为一个现实的、**单个的**社会存在物，同样地他也是**总体**、观念的总体、被思考和被感知的社会的主体的自为存在，正如他在现实中既作为社会存在的直观和现实享受而存在，又作为人的生命表现的总体而存在一样。"③ 在1845年的《关于费尔巴哈的提纲》中，马克思指出："人的本质不是单个人所固有的抽象物，在其现实性上，它是一切社会关系的总和。"④ 在《政治经济学批判》中，马克思又提出："社会不是由个人构成，而是表示这些个人彼此发生的那些联系和关系的总和。"⑤ 在马克思眼中，社会是一个有机体，一切关系在其中同时存在，一切关系又相互依存。

马克思不仅分析了人的总体性，还研究了社会的总体性。马克思认为社会是一个有机体，并且在不断地发生着变化。"现在的社会不是坚实的结晶体，而是一个能够变化并且经常处于变化过程中的有机体。"⑥ 根据总体性思想，资本主义社会是缺乏总体性的片面化社会、"非社会"，其政

---

① 卢卡奇．历史与阶级意识．北京：商务印书馆，1996：61．
② 马克思恩格斯选集：第1卷．3版．北京：人民出版社，2012：1．
③ 马克思恩格斯全集：第42卷．北京：人民出版社，1979：123．
④ 同②135．
⑤ 马克思恩格斯全集：第46卷上．北京：人民出版社，1979：220．
⑥ 马克思恩格斯全集：第42卷．2版．北京：人民出版社，2016：序言17．

治、经济、意识形态被孤立、分割。只有扬弃了私有制的社会，才是“真正的社会”，即总体性社会；只有社会具备了总体性，人的全面发展才可以实现。在《资本论》手稿中，马克思对前资本主义、未来共产主义的经济形态进行了考察，体现了历史的总体性思想，实现了人的总体性与社会的总体性的统合。按照马克思的观点，未来社会是自由人的联合体，每个人的自由发展是以一切人的自由发展为条件的。所以，总体性不仅是共时性的总体性，也是历时性的总体性，体现了普遍联系和矛盾运动的思想。

马克思的总体性思想涵盖人的总体性、社会的总体性和历史的总体性，是马克思对人类社会的重大贡献。张康之认为：“对于马克思主义来说，总体的观念和总体性方法是最为重要的科学发现。正是在这一科学发现的基础上，才实现了对人类历史的洞察，对社会未来的科学预见，对资本主义社会结构的解析，对社会本质的认识，对人的本质实现道路的描述，以及把自然界和人类社会作为一个统一的整体，去把握它们的一般规律。”①

但是，马克思的总体性思想曾长期受到不应有的忽视，这是因为：在马克思主义理论中，人们并没有发现他对总体性单独进行过系统而深入的专门阐述。但是，总体性原则作为一种方法却贯穿于马克思主义理论的始终。卢卡奇认为：“马克思的辩证方法，旨在把社会作为整体来认识。”②马克思自己也说：“不论我的著作有什么缺点，它们却有一个长处，即它们是一个艺术的整体；但是要达到这一点，只有用我的方法”③，即总体性

① 张康之. 总体性与乌托邦：人本主义马克思主义的总体范畴. 北京：中国人民大学出版社，2015：245.

② 卢卡奇. 历史与阶级意识. 北京：商务印书馆，1996：78.

③ 马克思恩格斯全集：第31卷. 北京：人民出版社，1972：135.

方法。今天，我们研究总体国家安全观的总体性，必须回溯到马克思的总体性思想之中。

二、习近平治国理政思想的总体性

从根本上看，习近平新时代中国特色社会主义思想继承和发展了马克思的总体性原则。它以整体性的思维统筹治党治国治军、内政外交国防等各项治国理政活动，推动中国向着经济富强、政治民主、文化文明、社会和谐、生态美丽的社会主义现代化强国目标全方位迈进。

早在担任浙江省委书记期间，习近平就强调："科学发展观是一个系统的理论……不和谐的发展，单一的发展，最终将遭到各方面的报复，如自然界的报复等。发展，说到底是为了社会的全面进步和人民生活水平的不断提高。"① 党的十八大以来，以习近平同志为核心的党中央形成并积极推进"五位一体"总体布局和"四个全面"战略布局，体现了新时代中国发展的总体性原则。

"五位一体"涵盖经济建设、政治建设、文化建设、社会建设、生态文明建设等五个方面，彼此之间相互关联，涉及新时代国家经济社会发展的各个维度，是一个不可分割的整体；"四个全面"包括全面建设社会主义现代化国家、全面深化改革、全面依法治国、全面从严治党的战略布局，也是一个不可分割的整体。不仅如此，"五位一体"和"四个全面"的关系是"相互促进、统筹联动"的。习近平指出，要"在推动经济发展的基础上，建设社会主义市场经济、民主政治、先进文化、和谐社会、生

---

① 习近平．之江新语．杭州：浙江人民出版社，2007：44．

态文明，协同推进人民富裕、国家强盛、中国美丽”[①]。

在经济建设、政治建设、文化建设、社会建设、生态文明建设中，习近平强调要遵循新的发展理念，即创新、协调、绿色、开放、共享。其中，创新发展解决的是发展动力问题，包括理论、制度、科技、文化等方面的创新；协调发展解决的是发展不平衡不充分问题，主要涉及区域、城乡、经济和社会、物质文明和精神文明、经济建设和国防建设等关系；绿色发展解决的是人与自然和谐共生问题；开放发展解决的是发展内外联动问题；共享发展解决的是社会公平正义问题。“这五大发展理念相互贯通、相互促进，是具有内在联系的集合体，要统一贯彻，不能顾此失彼，也不能相互替代。哪一个发展理念贯彻不到位，发展进程都会受到影响。”[②]

在“四个全面”中，全面建设社会主义现代化国家，就是要实现中华民族伟大复兴的目标。全面深化改革、全面依法治国和全面从严治党，是实现这个宏伟目标的重要手段和路径。全面建设社会主义现代化国家离不开全面深化改革、全面依法治国和全面从严治党这三个方面。在这三个方面中，每一方面都体现了总体性原则：第一，在全面深化改革方面，习近平强调，要注重改革的系统性、整体性、协同性并将其作为改革的内在要求和推进改革的重要方法。他说：“改革越深入，越要注意协同，既抓改革方案协同，也抓改革落实协同，更抓改革效果协同，促进各项改革举措在政策取向上相互配合、在实施过程中相互促进、在改革成效上相得益彰，朝着全面深化改革总目标聚焦发力。”[③] 第二，在全面依法治国方面，

---

① 习近平．习近平谈治国理政：第2卷．北京：外文出版社，2017：38.

② 同①200.

③ 同①109.

习近平提出，要“全面推进科学立法、严格执法、公正司法、全民守法，坚持依法治国、依法执政、依法行政共同推进，坚持法治国家、法治政府、法治社会一体建设”①。同时，坚持依法治国和以德治国相结合。第三，在全面从严治党方面，要加强党风廉政建设，实现干部“不敢腐”、“不想腐”与“不能腐”的结合。

习近平新时代中国特色社会主义思想坚持以人民为中心。推进“五位一体”总体布局和“四个全面”战略布局，贯彻创新、协调、绿色、开放、共享的发展理念，其目的都是促进社会的全面进步与人的自由全面发展。在习近平新时代中国特色社会主义思想中，坚持以人民为中心与坚持总体国家安全观是相辅相成的。在总体国家安全观下，国家安全以人民安全为宗旨，维护国家安全就是维护全国各族人民根本利益。国家安全一切为了人民，一切依靠人民。各领域国家安全的最终目标要指向人的安全，即服务于人的自由全面发展。

总体性是贯穿于习近平新时代中国特色社会主义思想的一条主线，指导中国摆脱了经济上孤军奋进的局面，走上了全面发展的道路。作为我国国家安全理论的灵魂与核心，总体国家安全观是习近平新时代中国特色社会主义思想的有机组成部分。因而，总体国家安全观体现总体性原则是顺理成章、名实相副的。从本质上看，总体国家安全观就是体现总体性或整体性的国家安全观。它是习近平新时代治国理政思想总体性在国家安全领域的延伸。由于整体性是系统最为本质的特征，总体国家安全观也是系统性的国家安全观。

---

① 习近平．习近平谈治国理政．北京：外文出版社，2014：144.

三、总体国家安全观的整体性

2014 年可以说是“总体国家安全观元年”。2 月 27 日，在中央网络安全和信息化领导小组第一次会议上，习近平提出网络安全观：“网络安全和信息化是一体之两翼、驱动之双轮，必须统一谋划、统一部署、统一推进、统一实施”，“没有网络安全就没有国家安全，没有信息化就没有现代化”[①]。在 3 月 24 日召开的荷兰海牙核安全峰会上，习近平提出要坚持理性、协调、并进的核安全观，提出发展和安全、权利和义务、自主和协作、治标和治本四个“并重”。5 月 21 日，在亚洲相互协作与信任措施会议第四次峰会上，他又提出共同、综合、合作、可持续的亚洲安全观。特别是，4 月 15 日，在中央国家安全委员会第一次会议上，习近平首次提出并系统阐述了总体国家安全观。从实质上看，网络安全观、核安全观、亚洲安全观都体现了总体国家安全观的总体性理念，是总体国家安全观在不同领域的具体表现。

总体国家安全观是系统或整体国家安全观。总体国家安全观体现了总体性原则，既是我国对国家安全的整体性看法，也是我国处理国家安全事务的整体性方法。总体性思想既具有本体论的意义，也具有方法论的意义。换言之，总体性是我们观察世界、认识问题的重要方法。还原论和分析性思维在近代科学研究中曾经大行其道。“以牛顿力学为代表的经典科学纲领表明，世界的本质是简单的，物质世界的复杂性表象应该并且能够通过简单的原理和普遍的规律加以消解，复杂性是表面的，其本质是简

① 习近平．习近平谈治国理政．北京：外文出版社，2014：197－198，198．

单。”[①] 这就是阿尔温·托夫勒所谓的“拆零”方法。以“拆零”方法认识国家安全，势必会犯盲人摸象的错误。这与总体国家安全观的总体性背道而驰。

卢卡奇批判修正主义奉若神明的所谓“事实”，即对现实的一切均从事实出发。事实被一种理论、一种方法所把握，从原来所处的生活联系中抽离出来。这种方法是自然科学的方法，即“通过观察、抽象、实验等取得‘纯’事实并找出它们的联系”。“纯”事实是“现实世界的现象放到（在实际上或思想中）能够不受外界干扰而探究其规律的环境中得出的”[②]。于是，单独的专门学科得以出现。“发现事实本身中所包含的倾向，并把这一活动提高到科学的地位，就显得特别‘科学’。相反，辩证法不顾所有这些孤立的和导致孤立的事实以及局部的体系，坚持整体的具体统一性。”[③] 今天，我们认识总体国家安全观，必须遵循总体性思维，把国家安全作为一个整体。否则，“我们就会陷入形而上学思维的片面性；我们抓不住整体的联系，就会纠缠在一个接一个的矛盾之中”[④]。

习近平十分重视总体性原则，以系统性、整体性思维来认识安全问题。在浙江工作期间，习近平要求领导干部要学会十指弹琴，“我们强调发展不是不要稳定，强调稳定平安也不是忽视发展”[⑤]。我们研究总体国家安全，要避免马克思所批判过的一种习惯：“把各种自然物和自然过程孤立起来，撇开宏大的总的联系去进行考察，因此，就不是从运动的状态，

① 刘敏. 生成的逻辑：系统科学“整体论”思想研究. 北京：中国社会科学出版社，2013：2.
② 卢卡奇. 历史与阶级意识. 北京：商务印书馆，1996：52－53.
③ 同②54.
④ 马克思恩格斯全集：第20卷. 北京：人民出版社，1971：506.
⑤ 习近平. 之江新语. 杭州：浙江人民出版社，2007：62.

而是从静止的状态去考察；不是把它们看做本质上变化的东西，而是看做固定不变的东西；不是从活的状态，而是从死的状态去考察。”① 所以，认识总体国家安全观，必须坚持总体性原则。

第一，总体国家安全观不是纯粹的思维创造，而是基于我国对国家安全形势的全面、动态、科学、精准研判，反映了我国国家安全形势出现新特点和新趋势。从国内来看，我国正处于经济转型、社会转轨的关键时期，改革开放进入深水区与攻坚期，各种矛盾、问题、风险、挑战集中显现并交织在一起，严重影响政治安全与社会稳定。从国际来看，经济全球化与逆全球化或反全球化潮流相互激荡，世界多极化在曲折中前进，社会信息化正在重塑人的社会交往方式，方兴未艾的新技术革命正在产生可能改变人类命运的前沿技术与颠覆性技术，局部战争、武装冲突、军备竞赛等传统安全威胁与恐怖主义、网络攻击、重大自然灾害、严重传染病疫情等非传统安全威胁相互交织、相互作用。一方面，霸权主义、强权政治依然存在并有新的表现；另一方面，不断有新的问题被“安全化”、进入国家安全议程。

国内与国际形势的变化和交互作用使我国国家安全面临新的威胁和挑战，我国对国家安全的概念界定必须随之变化。唯其如此，才能满足抵御内外风险、延长战略机遇期、实现民族伟大复兴的要求。国家安全的内涵和外延空前丰富，时空领域空前宽广，内外因素空前复杂。这是提出总体国家安全观的主要时代背景。

在阐述总体国家安全观时，习近平提到了 11 种安全，即政治安全、

---

① 马克思恩格斯选集：第 3 卷．3 版．北京：人民出版社，2012：396.

国土安全、军事安全、经济安全、文化安全、社会安全、科技安全、信息安全、生态安全、资源安全、核安全等。有些人据此认为，国家安全只包括 11 种安全。这是一种误读。随着我国国家安全形势的不断变化，未来将会有更多的问题被纳入国家安全议程。例如，新《国家安全法》中就提到了 19 种国家安全。理解总体国家安全观，要避免还原主义的思维。国家安全是一个开放、动态的概念。

第二，总体国家安全观的核心要素形成了一个相互补充、相互协同的有机结构和完整体系。在中央国家安全委员会第一次会议上，习近平提出，坚持总体国家安全观要“以人民安全为宗旨，以政治安全为根本，以经济安全为基础，以军事、文化、社会安全为保障，以促进国际安全为依托”。这就是国家安全“五大要素”。党的十九大报告又提出，坚持总体国家安全，必须坚持“国家利益至上”，并将其置于“以人民安全为宗旨”之前表述，这是对总体国家安全观的进一步完善。至此，总体国家安全观包括六大要素。

第三，总体国家安全并不是各类安全的简单相加，而是一个复杂的巨系统。严格地说，总体安全不等于综合安全，因为总体安全更强调各类安全问题耦合而产生的整体涌现效应。总体国家安全观强调各类国家安全之间的联系与相互作用。每一类安全问题都需要在总体国家安全观框架下进行关照，必须突出此类安全与其他安全的互动关系。总体国家安全观不是将国家安全问题“泛化”，而是真实反映了现实世界中国家安全的系统性、关联性与复杂性。

贯彻落实总体国家安全观的关键是要处理好五对重要关系：既重视外部安全，又重视内部安全；既重视国土安全，又重视国民安全；既重视传统安全，又重视非传统安全；既重视发展问题，又重视安全问题；既重视自身安全，又重视共同安全。在经济全球化时代，外部与内部安全、国土与国民安全、传统与非传统安全、发展与安全、自身与共同安全之间的差别与界限是模糊的，而且这些分类也并非周延的，彼此之间存在重叠。更为重要的是，我们要理解，总体性思想强调社会中各个因素之间的相互联系、关系，而不是突出某一孤立的要素。

总体国家安全观具有开放性，但绝不是一个无所不包的安全观。它强调的是各种安全现象之间的相互关联，是对经济全球化时代国家安全风险系统性的精确把握。习近平说："唯物辩证法告诉我们，事物与事物之间都是彼此联系、不可分割的。我们在推进改革开放和现代化建设过程中，如果孤立地、片面地、简单地看问题，就会犯形而上学的错误。"[①] 这种错误是我们认识总体国家安全观时所要着力避免的。习近平新时代中国特色社会主义思想坚持并发展了马克思的总体性原则。作为其中的一个重大方略，坚持总体国家安全观是总体性原则在当代中国国家安全领域具体运用的必然结果。在我国向社会主义现代化强国迈进的关键时期，总体国家安全观为我们科学认识、应对系统性风险，有效维护国家安全，提供了重要的思维工具。

---

① 习近平. 之江新语. 杭州：浙江人民出版社，2007：62.

第三节

系统科学理论

系统科学理论是关于事物相互联系、相互作用、不断发展的学问。从一般意义上看，系统思想古已有之，但古代系统思想是朴素系统思想，是古人关于事物间联系的经验与直觉思考，真正意义上的系统理论是近现代自然科学兴起后的产物。近现代自然科学的发展为观察事物提供了新工具和新方法，通过量化和数理方法，从部分入手来整体上把握事物，因此现代系统理论又被称为系统科学理论。

当今科学技术发展的特征和趋势之一，是不仅继续向微观深入，而且直接走向宏观系统，走向复杂和综合。过去的几百年，科学研究的深入和分化是主流方向。今后，学科本身的进一步分化和向微观的方向发展仍很重要。但进入现代科学时期，向着宏观、交叉和复杂的整体化的趋势发展已成为主流。因此，系统科学必将会有重大发展，将改变科学世界的图景，革新传统的科学认识论和方法论，引起科学思维的革命①。

总体国家安全观既是对系统科学理论的全面体现，又是将系统科学理

① 许国志. 系统科学与工程研究. 上海：上海科技教育出版社，2000：14－15.

论运用于国家安全治理中的重大理论创新，总体国家安全观考虑了国家安全系统的多元性，体现了国家安全系统的层次性，强调了国家安全系统的整体性，是一个具有高度科学性、统一性和指导性的理论体系。

一、国家安全系统的多元性

总体国家安全观考虑了国家安全系统的多元性。系统多元性的特点意味着系统不是单一的，而是由差异化的、多样化的子系统所组成，换句话说，存在着形态各异的子系统才有可能组成系统，世界上并不存在只有单一元素的系统。一方面必须认识到国家安全系统内含多个安全子系统，另一方面又必须考虑各个子系统的差异化特点，做到个性与共性、差异与多样的统一。

习近平总书记的总体国家安全观科学划分和系统阐述了 11 种国家安全子系统，涵盖政治安全子系统、国土安全子系统、军事安全子系统、经济安全子系统、文化安全子系统、社会安全子系统、科技安全子系统、信息安全子系统、生态安全子系统、资源安全子系统和核安全子系统。

二、国家安全系统的层次性

总体国家安全观体现了国家安全系统的层次性。系统的层次是指系统在多样性构成之下按照某种标准、功能、状态等划分不同的等级，系统的层次是认识复杂性系统的重要工具。系统的层次性意味着国家安全的各个子系统并非同等重要，必须通过层次分析予以归类和划分。

在总体国家安全观视角下，人民安全是宗旨，政治安全为根本，国家利益至上是原则，三者是相互统一的。不仅如此，总体国家安全观以经济安全为基础，以军事、文化、社会安全为保障，以促进国际安全为依托，层次非常分明。

三、国家安全系统的整体性

总体国家安全观强调了国家安全系统的整体性。整体与部分是系统科学理论中的一对重要范畴，系统科学理论着重考虑了系统的整体性特点。总体国家安全观就要求从整体上去把握国家安全，而这个总体不是单一个体的加总，而是必须统筹考虑系统的多样性、层次性、结构性。

2015 年 10 月 29 日，习近平在中共十八届五中全会第二次全体会议上强调："各种风险往往不是孤立出现的，很可能是相互交织并形成一个风险综合体。对可能发生的各种风险，各级党委和政府要增强责任感和自觉性，把自己职责范围内的风险防控好，不能把防风险的责任都推给上面，也不能把防风险的责任都留给后面，更不能在工作中不负责任地制造风险。要加强对各种风险源的调查研判，提高动态监测、实时预警能力，推进风险防控工作科学化、精细化，对各种可能的风险及其原因都要心中有数、对症下药、综合施策，出手及时有力，力争把风险化解在源头，不让小风险演化为大风险，不让个别风险演化为综合风险，不让局部风险演化为区域性或系统性风险，不让经济风险演化为社会政治风险，不让国际风险演化为国内风险。"[①] 有效维护国家安全，必须"把防范化解国家安全风险摆在突出位置，提高风险预见、预判能力，力争把可能带来重大风险的隐患发现和处置于萌芽状态"[②]，避免风险链条的延伸、耦合、叠加，以致

---

① 中共中央文献研究室．十八大以来重要文献选编：中．北京：中央文献出版社，2016：834.

② 习近平主持中央政治局第二十六次集体学习并讲话．(2020－12－12)．http://www.gov.cn/xinwen/2020－12/12/content_5569074.htm.

出现系统性风险。

2022 年 3 月 5 日，习近平在全国两会期间参加内蒙古代表团审议时首次提出“五个必由之路”的系列重大判断：坚持党的全面领导是坚持和发展中国特色社会主义的必由之路；中国特色社会主义是实现中华民族伟大复兴的必由之路；团结奋斗是中国人民创造历史伟业的必由之路；贯彻新发展理念是新时代我国发展壮大的必由之路；全面从严治党是党永葆生机活力、走好新的赶考之路的必由之路。这是对新时代党和人民奋斗历程中的经验所进行的高度概括与浓缩。总体国家安全观既是对古今中外优秀安全思想的集大成，也体现了“五个必由之路”所反映出的历史规律，为新时代有效维护国家安全、续写“两个奇迹”奠定了坚实的基础。

第四章

塑造现代化国家安全体系

十九届五中全会审议通过的《中共中央关于制定国民经济和社会发展第十四个五年规划和二〇三五年远景目标的建议》中强调，要“加强国家安全体系和能力建设。完善集中统一、高效权威的国家安全领导体制，健全国家安全法治体系、战略体系、政策体系、人才体系和运行机制，完善重要领域国家安全立法、制度、政策。健全国家安全审查和监管制度，加强国家安全执法。加强国家安全宣传教育，增强全民国家安全意识，巩固国家安全人民防线”①。2020 年 12 月 11 日，在主持十九届中央政治局第二十六次集体学习时，习近平总书记强调：“坚持推进国家安全体系和能力现代化，坚持以改革创新为动力，加强法治思维，构建系统完备、科学规范、运行有效的国家安全制度体系，提高运用科学技术维护国家安全的能力，不断增强塑造国家安全态势的能力。”② 党的二十大强调，要健全国家安全体系。具体包括：坚持党中央对国家安全工作的集中统一领导，完善高效权威的国家安全领导体制；强化国家安全工作协调机制，完善国家安全法治体系、战略体系、政策体系、风险监测预警体系、国家应急管理体系，完善重点领域安全保障体系和重要专项协调指挥体系，强化经济、重大基础设施、金融、网络、数据、生物、资源、核、太空、海洋等安全保障体系建设；健全反制裁、反干涉、反“长臂管辖”机制。完善国家安全力量布局，构建全域联动、立体高效的国家安全防护体系。

在新发展阶段，有效维护国家安全，必须着力实现国家安全体系现代化，使国家安全体系建设与我国现阶段国家安全的形势与任务相适应。从

---

① 中共中央关于制定国民经济和社会发展第十四个五年规划和二〇三五年远景目标的建议.（2020－11－03）. http://www.gov.cn/zhengce/2020－11/03/content_5556991.htm.

② 习近平主持中央政治局第二十六次集体学习并讲话.（2020－12－12）. http://www.gov.cn/xinwen/2020－12/12/content_5569074.htm.

总体上看，国家安全体系包括国家安全体制、国家安全战略体系、国家安全政策体系、国家安全法治体系、国家安全人才体系等。

第一节 国家安全体制建设

在汉语中，“体制”的含义是“国家、国家机关、企业、事业单位等的组织制度”①。可以认为，体制主要指组织职能、岗位责权设置与调整的方式和规则。机制与体制的区别与联系是：首先，相对而言，体制的层面要高于机制的层面，体制对机制具有硬性约束作用，机制要按照体制的要求来运行。换言之，机制要与体制兼容、配套，机制的创新必须在现有的体制框架内展开。其次，体制更具有刚性，一旦形成，便具有相对稳定性，而机制则具有动态灵活性。如果把“体系”比作“身体”，则“体制”就是“骨骼”。换言之，体制是体系的最为重要、最为核心的组成要素。国家安全体制反映出一个国家政治制度、行政体制的鲜明特色。

① 中国社会科学院语言研究所词典编辑室．现代汉语词典．7版．北京：商务印书馆，2016：1289.

一、维护国家安全的职责分工

进入新时代，我国着力构建大安全格局，国家安全是大安全的概念。维护国家安全，是党政军各部门、中央与地方共同承担的责任。《国家安全法》对全国人大及其常委会、国家主席、国务院、中央军委、中央国家机关各部门、地方各级人民代表大会和地方各级人民政府包括香港特别行政区、澳门特别行政区等维护国家安全的责任分工进行了清晰的划定（见表 4-1）。这为统筹发展和安全提供了有力的组织保证。

表 4-1　各部门维护国家安全责任分工划定

全国人大及其常委会	全国人大依照宪法规定，决定战争和和平的问题，行使宪法规定的涉及国家安全的其他职权；全国人大常委会依照宪法规定，决定战争状态的宣布，决定全国总动员或者局部动员，决定全国或者个别省、自治区、直辖市进入紧急状态，行使宪法规定的和全国人民代表大会授予的涉及国家安全的其他职权。
国家主席	根据全国人民代表大会的决定和全国人民代表大会常务委员会的决定，宣布进入紧急状态，宣布战争状态，发布动员令，行使宪法规定的涉及国家安全的其他职权。
国务院	根据宪法和法律，制定涉及国家安全的行政法规，规定有关行政措施，发布有关决定和命令；实施国家安全法律法规和政策；依照法律规定决定省、自治区、直辖市的范围内部分地区进入紧急状态；行使宪法法律规定的和全国人民代表大会及其常务委员会授予的涉及国家安全的其他职权。
中央军委	领导全国武装力量，决定军事战略和武装力量的作战方针，统一指挥维护国家安全的军事行动，制定涉及国家安全的军事法规，发布有关决定和命令。
中央国家机关各部门	按照职责分工，贯彻执行国家安全方针政策和法律法规，管理指导本系统、本领域国家安全工作。
地方职责	地方各级人民代表大会和县级以上地方各级人民代表大会常务委员会在本行政区域内，保证国家安全法律法规的遵守和执行。地方各级人民政府依照法律法规规定管理本行政区域内的国家安全工作。香港特别行政区、澳门特别行政区应当履行维护国家安全的责任。

续表

法院与检察院	人民法院依照法律规定行使审判权，人民检察院依照法律规定行使检察权，惩治危害国家安全的犯罪。
专门机关	国家安全机关、公安机关依法搜集涉及国家安全的情报信息，在国家安全工作中依法行使侦查、拘留、预审和执行逮捕以及法律规定的其他职权。有关军事机关在国家安全工作中依法行使相关职权。

《国家安全法》第四十四条规定："中央国家安全领导机构实行统分结合、协调高效的国家安全制度与工作机制。"我国建立集中统一、高效权威的国家安全领导体制。国家安全工作高度集中，事权统于中央。国家安全委员会是党中央统筹国家安全工作的平台，是高层次的决策与协调机构。同时，各部门、各地区各负其责，贯彻党中央关于国家安全的决策部署，做好各自的国家安全工作。

为了保证国家安全战略决策的落实，我国建立了五个机制：一是国家安全重点领域工作协调机制，统筹协调中央有关职能部门推进相关工作；二是国家安全工作督促检查和责任追究机制，确保国家安全战略和重大部署贯彻落实；三是国家安全重大事项跨部门会商工作机制；四是国家安全协同联动机制，实现中央与地方之间、部门之间、军地之间、地区之间的协同联动；五是国家安全决策咨询机制，以推进国家安全的科学决策。通过以上机制，国家安全委员会将上下左右、党政军群的力量与资源整合起来，共同服务于国家安全事业。

2018 年 4 月 17 日，习近平在十九届中央国家安全委员会第一次会议上指出："中央国家安全委员会成立 4 年来，坚持党的全面领导，按照总体国家安全观的要求，初步构建了国家安全体系主体框架，形成了国家安全理论体系，完善了国家安全战略体系，建立了国家安全工作协调机制，解决了许多长期想解决而没有解决的难题，办成了许多过去想办而没有办成的大事，国家安全工作得到全面加强，牢牢掌握了维护国家安全的全局性主动。”他还强调：“国家安全工作要适应新时代新要求，一手抓当前、一手谋长远，切实做好维护政治安全、健全国家安全制度体系、完善国家安全战略和政策、强化国家安全能力建设、防控重大风险、加强法治保障、增强国家安全意识等方面工作。”①

二、中央国家安全委员会的成立

2013 年 11 月中共十八届三中全会通过的《关于全面深化改革若干重大问题的决定》提出：“国家安全和社会稳定是改革发展的前提。只有国家安全和社会稳定，改革发展才能不断推进。当前，我国面临对外维护国家主权、安全、发展利益，对内维护政治安全和社会稳定的双重压力，各种可以预见和难以预见的风险因素明显增多。而我们的安全工作体制机制还不能适应维护国家安全的需要，需要搭建一个强有力的平台统筹国家安全工作。设立国家安全委员会，加强对国家安全工作的集中统一领导，已是当务之急。”② 构建中央国家安全委员会既是完善我国国家安全体制、理顺机构权责关系、加强统一领导的需要，同时也是应对日益复杂的国内、国际安全问题的需要。

长期以来，我国国家安全问题应对职责分散于各个不同的部门，在统一协调方面存在着严重的问题。“党的十八届三中全会决定成立国家安全委员会，是推进国家治理体系和治理能力现代化、实现国家长治久安的迫

---

① 习近平主持召开十九届中央国家安全委员会第一次会议并发表重要讲话.（2018－04－17）. http://www.gov.cn/xinwen/2018－04/17/content_5283445.htm.

② 中共中央文献研究室. 十八大以来重要文献选编：上. 北京：中央文献出版社，2014：506.

切要求，是全面建成小康社会、实现中华民族伟大复兴中国梦的重要保障，目的就是更好适应我国国家安全面临的新形势新任务，建立集中统一、高效权威的国家安全体制，加强对国家安全工作的领导。”① 国家安全委员会的设立是新时代国家安全工作实现从分散到集中、从迟缓到高效、从被动到主动历史性变革的基础。

中国之所以积极加强国家安全工作建设，与当前中国面临的复杂局势有关。在当今世界，国家强弱越来越表现为综合国力的竞争，政治、经济、军事、科技、信息等全方位的综合较量取代了传统的以军事或政治作为支柱的实力观。一个国家在国际社会中的安全不再仅仅以军事或政治安全作为依托，而更多的是以上述方面的综合安全为保证。由于各种非军事方面的挑战日益增多，“无硝烟、不流血、看不见”的战争此起彼伏，并越来越成为新时代国家安全的主要威胁。

随着世界局势的变化和中国国际地位的提高，外国对中国的关注不断提高，情报活动的形式更加多样，渠道更加多元。同时，世界各地民族分裂势力、宗教极端势力、暴力恐怖势力三股恶势力的活动都很频繁，恐怖主义对无辜平民攻击的手段日益残忍。伴随着高新技术的发展、大频度的人员往来、军事技术的发展、各种利益的交汇，国家安全问题呈现出与之前不一样的局面，国家安全问题更加复杂，形势更加严峻。因此，成立国家安全委员会正当其时。

在体制上，我国成立了中央国家安全委员会来统领国家安全事务，其功能较中央国家安全领导小组更加强大，体现了集中统一、高效权威的特

---

① 习近平．习近平谈治国理政．北京：外文出版社，2014：200.

点。2000 年 9 月，中央国家安全领导小组成立，与 1981 年恢复的中央外事工作领导小组合署办公。该小组由主管外事工作的中央政治局常委、分管有关外事工作的中央政治局委员和与外事、国家安全工作有密切工作联系的相关机构部长组成，负责对外事、国家安全工作领域的重大问题做出决策。可以推断，中央国家安全领导小组关注的重点领域是外交与军事，即对外的政治安全与军事安全。

2013 年，党的十八届三中全会决定设立国家安全工作的决策和议事协调机构——中央国家安全委员会。2014 年 1 月 24 日，中央政治局召开会议，研究中央国家安全委员会的设置，由中共中央总书记习近平任主席，中央政治局常委李克强、张德江任副主席。而且，与其他党中央协调机构不同，中央国家安全委员会实行主席制，规格、层次之高，前所未有。中央国家安全委员会按照“集中统一、科学谋划、统分结合、协调行动、精干高效”的原则开展工作。中央国家安全委员会负责制定、实施国家安全战略，推进国家安全法治建设，制定国家安全工作方针政策，研究解决国家安全工作中的重大问题。中央国家安全委员会的设立体现了总体国家安全观的精神，也适应了中国国家安全发展形势的需要。

2017 年 2 月 17 日，习近平主持召开国家安全工作座谈会，提出各地区要建立健全党委统一领导的国家安全工作责任制。2018 年，在党和国家机构改革大潮中，地方各级党委纷纷设立国安委（办），由党委一把手担任责任人。国家安全不仅仅是中央事权。从贯彻落实总体国家安全观的角度看，国家安全地方机构的成立意义重大。同年 4 月 17 日，十九届中央国家安全委员会第一次会议召开，审议通过了《党委（党组）国家安全责任制规定》。

三、国家安全人民防线的构建：以“朝阳群众”为例

社会公众是治理国家安全事务的主体。习近平总书记强调，贯彻落实总体国家安全观，要“坚持以人民安全为宗旨，国家安全一切为了人民、一切依靠人民，充分发挥广大人民群众积极性、主动性、创造性，切实维护广大人民群众安全权益，始终把人民作为国家安全的基础性力量，汇聚起维护国家安全的强大力量”[①]。中国共产党因人民而生、为人民而建，在维护国家安全工作中始终采取专群结合、群防群治的策略。这是党的群众路线在国家安全工作中的生动体现，有助于筑牢国家安全的人民防线。

北京的“朝阳群众”以社区为依托，按照共建共治共享的精神，在预防与打击犯罪、维护公共安全的过程中发挥出重要的作用。2013 年 8 月，网络大 V 薛蛮子被警方抓获后，北京市公安局官方微博“平安北京”发布消息称：“根据群众举报，朝阳警方在安慧北里一小区将进行卖淫嫖娼的薛某（男，60 岁）、张某（女，22 岁）查获。”此后，借助名人的“光环效应”，“朝阳群众”的知名度一路飙升，多次参与破获涉及名人吸毒等大案、要案。2016 年 1 月，君映像文化传媒（北京）有限公司拍摄的《朝阳群众》上映，在社会上引起强烈的反响。

2014 年，习近平总书记在北京考察时指出：“要健全城市管理体制，提高城市管理水平。”[②] 走出一条符合特大城市特点和规律的社会治理新

① 习近平主持中央政治局第二十六次集体学习并讲话．（2020－12－12）．http://www.gov.cn/xinwen/2020－12/12/content_5569074.htm.

② 习近平在北京考察 就建设首善之区提五点要求．（2014－02－26）．http://www.xinhuanet.com//politics/2014－02/26/c_119519301.htm.

路，“加强和创新社会治理，关键在体制创新”，“社会治理的重心必须落到城乡社区，社区服务和管理能力强了，社会治理的基础就实了”①。

2015年4月13日，中共中央办公厅、国务院办公厅印发了《关于加强社会治安防控体系建设的意见》，其中第21条提出：“积极扩大公众参与。坚持人民主体地位，进一步拓宽群众参与社会治安防控的渠道，依法保障人民群众的知情权、参与权、建议权、监督权。继承和发扬专群结合的优良传统，充分发挥共产党员、共青团员模范带头作用，发挥民兵预备役人员等的重要作用，发展壮大平安志愿者、社区工作者、群防群治队伍等专业化、职业化、社会化力量，积极探索新形势下群防群治工作新机制、新模式，力争到2020年社区志愿者注册人数占居民人口的比例大幅增加。落实举报奖励制度，对于提供重大线索、帮助破获重大案件或者有效制止违法犯罪活动、协助抓获犯罪分子的，给予重奖。完善见义勇为人员认定机制、补偿救济机制，加强见义勇为人员权益保障工作，扩大见义勇为基金规模，加大对见义勇为人员的表彰力度，按照有关规定严格落实抚恤待遇。充分发挥传统媒体与新媒体的作用，采取群众喜闻乐见的宣传教育方式，提高群众安全防范意识，组织动员群众关心、支持和参与社会治安防控体系建设，努力提升新媒体时代社会沟通能力。”②

2015年5月29日，十八届中央政治局就健全公共安全体系进行第二十三次集体学习。习近平总书记在主持会议时强调，公共安全连着千家万户，确保公共安全事关人民群众生命财产安全，事关改革发展稳定大局。

---

① 中共中央文献研究室．习近平关于全面深化改革论述摘编．北京：中央文献出版社，2014：101.

② 中共中央办公厅、国务院办公厅印发《关于加强社会治安防控体系建设的意见》．(2015-04-13). http://www.gov.cn/xinwen/2015-04/13/content_2846013.htm.

要牢固树立安全发展理念，自觉把维护公共安全放在维护最广大人民根本利益中来认识，扎实做好公共安全工作，编织全方位、立体化的公共安全网，确保人民安居乐业、社会安定有序、国家长治久安。习近平强调，要坚持群众观点和群众路线，拓展人民群众参与公共安全治理的有效途径，动员全社会的力量来维护公共安全。

党的十八大以来，我国对公共安全的社区治理与公众参与高度重视，出台了一系列配套的规章制度，为“朝阳群众”重现光彩、再立新功奠定了坚实的基础。目前，“朝阳群众”已经成为公众参与公共安全治理、警民协同防范与打击犯罪的成功典范。“朝阳群众”之所以声名鹊起，是因为其应运而生。

此外，“朝阳群众”的声名鹊起还与官方的鼓励和支持，甚至与计划推动和品牌打造是分不开的，如警方多次以“朝阳群众”的字样向社会通报案情，有意识地强调“朝阳群众”的重要作用。北京警方鼓励公众争当“朝阳群众”，参与到公共安全管理中来。北京市公安局官方微博“平安北京”曾以“我们”为话题发布博文，称赞“朝阳群众”积极向警方提供线索的举动，将“朝阳群众”这一“神秘的组织”推向前台，成为社会舆论关注的焦点。“朝阳群众”不再是网络之中带有戏谑色彩的语汇，而成为越来越被官方承认、公众接受的一个充满正能量的现象。除“朝阳群众”被公众广泛认知以外，北京警方还会同相关部门，陆续推出了“西城大妈”“海淀网友”“丰台劝导队”等品牌。事实上，这四个专属名词能在社会上形成“品牌”，是相关部门因势利导，有计划地强化、推广的。

由于“朝阳群众”的示范效应，“西城大妈”“海淀网友”“丰台劝导队”也开始名声大振。它们被称为“四大给力民间组织”，是北京基层群防群治的中坚力量，但又各有特点：西城区作为中心城区，大爷大妈们知人情、懂政事，善于发现身边的敏感事件；海淀区高校、互联网企业及从业人员多，思想活跃并擅长借助网络途径反映情况；丰台区永善社区早先为城乡接合部，成立了调解邻里纠纷的“劝导队”；而“朝阳群众”既有老北京人的参与，也有新北京人的参与，既有上街巡逻等传统参与方式，也有借助网络等现代参与方式，既打击犯罪、维护公共安全，也调处邻里纠纷、化解社会矛盾、维护社会和谐稳定。

需要说明的是，不仅传统的公安工作和国家安全工作需要群防群治，维护其他各个领域的国家安全也离不开群防群治。2019 年 11 月，习近平总书记在主持十九届中央政治局第十九次集体学习时说，要筑牢防灾减灾救灾的人民防线。应对方方面面的国家安全风险挑战，必须创新新时代群众工作的方式方法，在构建共建共治共享的社会治理格局过程中融入国家安全的因素和考虑，形成维护国家安全的牢不可破的铜墙铁壁。

第二节
国家安全战略与政策体系

踏上新征程，维护国家安全必须站在云端，又脚踏实地。站在云端，即要立足“两个大局”、“胸怀国之大者”，高屋建瓴地出台战略，做好整体谋划和顶层设计；脚踏实地，即要将战略具象化为可以执行的各项政策，做到切实管用。战略与政策搭配、组合，既求长效，又讲近功。

一、国家安全战略

国家安全战略是指一个国家在特定历史条件下综合运用和发展政治、经济、军事、外交、文化、科技等各方面的资源与力量，应对核心挑战与威胁、维护国家安全利益与价值观、实现国家安全目标的全局性筹划与总体构想。一般而言，国家安全战略必须解决三个方面的问题：国家生死攸关的安全利益何在？对这些安全利益的威胁与挑战是什么？如何才能运用国家的各种战略资源消除威胁、维护国家安全？①

国家安全战略的制定、实施和调整要受到诸多因素的影响和制约，客观因素主要包括国家安全利益、国家实力、战略环境等，主观因素主要指战略文化、安全观。战略文化与安全观是影响国家安全战略的观念因素。观念来自实践，决定于实践，并随着实践的变化而变化；同时观念对实践又具有反作用。正确、全面地理解战略文化与安全观，是把握好国家安全战略主观因素的关键②。

2015年1月，中央政治局审议通过《国家安全战略纲要》，强调在新形势下维护国家安全，必须坚持以总体国家安全观为指导，坚决维护国家核心和重大利益，以人民安全为宗旨，在发展和改革开放中促安全，走中

---

① 闪淳昌，周玲，沈华．我国国家安全战略管理体系建设的几点思考．中国行政管理，2015（9）．

② 杨毅．国家安全战略中的主观因素．新视野，2010（3）．

国特色国家安全道路。在总体国家安全观指导下制定的《国家安全战略纲要》，是一个全面系统的国家安全战略规划，为我国在新形势下全面保障国家安全提供了强有力的战略支撑。国家安全战略是治国安邦的主要组成部分，是维护国家安全的指南。

2021 年 11 月 18 日，中央政治局召开会议，审议《国家安全战略（2021—2025 年）》，指出：新形势下维护国家安全，必须牢固树立总体国家安全观，加快构建新安全格局。必须坚持党的绝对领导，完善集中统一、高效权威的国家安全工作领导体制，实现政治安全、人民安全、国家利益至上相统一；坚持捍卫国家主权和领土完整，维护边疆、边境、周边安定有序；坚持安全发展，推动高质量发展和高水平安全动态平衡；坚持总体战，统筹传统安全和非传统安全；坚持走和平发展道路，促进自身安全和共同安全相协调。

制定和实施《国家安全战略纲要》是有效维护国家安全的迫切需要。习近平总书记强调，“当前我国国家安全内涵和外延比历史上任何时候都要丰富，时空领域比历史上任何时候都要宽广，内外因素比历史上任何时候都要复杂。”[①] 要确保国家安全，我们必须认真贯彻落实《国家安全战略纲要》。国家安全涵盖了政治安全、国土安全、军事安全、经济安全、文化安全、社会安全、科技安全、信息安全、生态安全、资源安全以及核安全等领域。这些安全领域都是相互关联、相互影响的。因此，贯彻落实《国家安全战略纲要》，必须树立总体国家安全观，以“大安全”意识，落实“大战略”方针，以人民安全为宗旨，以政治安全为根本，以经济安全

① 习近平. 习近平谈治国理政. 北京：外文出版社，2014：200.

为基础，以军事、文化、社会安全为保障，以促进国际安全为依托，走中国特色国家安全道路。只有这样，才能适应国家安全形势变化的新特点新趋势，也才能应对在今后相当长时期内我国进一步发展所面临的“前所未有”的机遇和挑战。

制定和实施《国家安全战略纲要》是完善中国特色社会主义制度、推进国家治理体系现代化的必然要求。国家安全是安邦定国的重要基石。要让基石稳固，我们必须毫不动摇坚持党对国家安全工作的绝对领导，坚持集中统一、高效权威的国家安全工作领导体制。特别是站在新的历史起点上，我们要进一步发扬优良传统，始终坚持、不断强化党的领导，努力打造一支高素质的国家安全专业队伍。只有这样，才能确保国家安全专业队伍始终与以习近平同志为核心的党中央保持高度一致，绝对忠诚、绝对纯洁、绝对可靠。在行动上，坚决听从命令、服从指挥，服务党和国家工作大局。

我国是一个崛起中的社会主义大国，所处的内外环境、历史发展阶段和未来国家发展战略目标，决定了国家安全必须走具有我国特色的道路。因此，面对国内物质文化条件的持续改善与人民群众对未来生活期待的不断增加、中国综合国力的持续提升与外部对我战略防范和牵制的同步增加等现状，我们要依据《国家安全战略纲要》，走出一条能够应对国内外环境中形形色色风险和挑战的国家安全之路。只有这样，才能统筹做好各领域国家安全工作，大力推进国家安全各种保障能力建设，使法治始终贯穿于维护国家安全的全过程。

统筹发展和安全，这项政策的出台是为了适应国家安全风险向经济社会发展各领域扩散的形势要求。国家安全问题实际上是一个横断性问题，即各个领域的矛盾、问题积累、集聚到一定程度后，就可能在国内外因素的催化下，形成对国家政权构成威胁的国家安全风险。如果国家安全风险不能得到有效控制，就会演变、升级为国家安全危机。国家安全涉及治党、治国、治军和内政、外交、国防各方面。除了国家层面要制定总体国家安全战略之外，各重点领域都要以此为指导，制定专门性的国家安全战略。而且，各种专门性的国家安全战略之间要有兼容性、一致性、衔接性，进而形成一个完整的体系。

二、国家安全政策

《国家安全法》第四十七条规定："各部门、各地区应当采取有效措施，贯彻实施国家安全战略。"所谓的有效措施，可以被概括为国家安全政策。在主持十九届中央政治局第二十六次集体学习时，习近平总书记强调："坚持统筹推进各领域安全，统筹应对传统安全和非传统安全，发挥国家安全工作协调机制作用，用好国家安全政策工具箱。"[①] 一项重大国家安全政策若需要多部门配合协同，就需要发挥国家安全工作协调机制的作用。

在人类发展的历史进程中，安全是一个既古老而又常说常新的话题。我们可以在"安全"一词前面冠以不同的定语，于是就有了"公共安全""国家安全""国际安全""全球安全""人的安全"等术语。在马斯洛提出的需求层次理论中，安全需求的重要性仅次于生存需求。在汉语中，与安全相对应的是威胁。进入 21 世纪后，战争、冲突、公共危机等各种

---

① 习近平主持中央政治局第二十六次集体学习并讲话.（2020－12－12）. http://www.gov.cn/xinwen/2020－12/12/content_5569074.htm.

影响人类和平与福祉的威胁不断凸显，并彼此交织、互动。它们对国家的安全与发展构成了严峻的挑战，成为各国政府必须认真面对的重大问题。

在新发展阶段，我国统筹发展和安全，将国家安全工作贯穿于经济社会发展的全过程各方面。国家安全绝不仅仅是国家安全专业部门一家之事，政府各部门在公共政策制定出台过程中都要考虑维护国家安全与社会稳定的因素，甚至要专门制定有关国家安全的方面性政策。因而，国家安全问题是中国公共政策所必须关注的重要问题。换言之，国家安全政策是公共政策领域的一个重要方面性政策。只有这样，才能让国家安全战略落地生根。

国家安全是中国共产党治国理政的一项十分重要的内容。以往，在我国学术界，国家安全问题不是公共政策学的典型问题，其原因主要是公共政策长期以来主要关注教育、医疗、环保、交通等国内经济社会发展问题，而传统的国家安全主要是指国家的对外安全，特别是军事、外交安全。但是，冷战结束后，特别是人类进入新世纪后，国家安全的内涵与外延发生了重大的变化。非传统安全问题对各国的生存与安全形成严峻的挑战，并与传统安全问题交织在一起。国家安全既包括外部安全，也包括内部安全，而且外部安全与内部安全的界限日趋模糊化。所以，研究公共政策的学者必须既要具备全球化时代所要求的宽广的国际视野，又要具备立足中国国情解决具体问题的探索勇气，开垦国家安全政策的“处女地”。

政策工具（public policy instrument）又称为政府工具（governmental tool)、治理工具或公共管理技术。它是实现政府管理职能的手段、“政府的行为方式”以及通过某种途径用以调节政府行为的机制。在政策工具与政策执行的关系上，政策工具是政府达成目标的手段，是政府用于执行政策的方法和方式。按照国外学者罗莱特和拉梅什的观点，政策工具分为强制性工具、混合型工具、志愿工具三类。有效维护国家安全必须使用强制性工具，但又不局限于强制性工具，而必须多管齐下，根据不同的安全风险特征，动用有针对性的多元化政策，打出一套“组合拳”。

作为一类公共政策，国家安全政策的制定与执行要注意进行环境分析，包括经济环境、政治环境、社会文化环境、国际环境等方面，并根据政策环境的变化，动态、实时地对政策内容进行调整，对政策工具组合进行优化。当然，国家安全政策也要具有相对稳定性，不能朝令夕改。

国家安全政策与战略一样，必须立足全局和长远进行谋划和制定。各领域国家安全政策都必须以总体国家安全观为遵循，既要有利于维护本行业、本部门的国家安全，也要有利于维护总体国家安全的大局，做到对外维护国家主权、安全和发展利益，对内维护政治安全和社会稳定。特别是，要注意避免各项国家安全政策之间相互冲突和“打架”、对整体国家安全造成不利局面。

三、国家安全风险预案

《国家安全法》第五十五条规定：“国家制定完善应对各领域国家安全风险预案。”在应急管理中，预案是应对突发事件的计划。在国家安全领域，考虑到国家安全问题一旦发生，就可能造成非常严重的后果。因此，在坚持预防为主原则的前提下，国家安全预案聚焦于风险。从性质看，国家安全风险预案是一类特殊的战略性政策。

客观地说，国家安全风险不可能完全根除，这是由国家安全的相对性决定的。但是，我们必须将国家安全风险控制在一定的范围之内，使其“可以接受”。国家安全风险预案的制定必须要以风险评估的结果为依据，增强其针对性。特别是，各层级的国家安全风险预案要体现具体性从高到低依次递增的特征，即越到地方和基层，就越是要具体。国家安全风险预案的制定要考虑处置资源的配置情况。换言之，预案是为了处置风险而制定的，必须要确保可以实施，而不能是“纸上画画，墙上挂挂”。另外，各部门、各地方的国家安全风险预案要实现兼容，避免相互冲突。

国家安全风险预案制定后，还要加强管理。一是预案要通过各种形式进行演练，检验预案的有效性和实操性。二是预案要定期或不定期进行修订、完善，特别是要根据演练或处置的结果，适时地进行修订并对处置准备工作进行改进，决不能“制定完毕，束之高阁”。三是鉴于国家安全风险预案的高度复杂性，应借鉴、采用情景规划的方式，提升所设想的风险情景与现实之间的贴合度。

国家安全风险预案与突发事件应急预案不同，并非所有的突发事件都会对国家安全造成威胁。国家安全风险预案是战略性预案，站位更高，政治性更强。同时，国家安全风险预案多具有保密性质，而突发事件应急预案可以向社会公开。此外，国家安全风险预案还必须基于特定的威胁情景构建，动态开展重大风险评估。

第三节

国家安全法治体系

国家安全是治国理政的重要内容，法治是治国理政的基本方式。维护国家安全必须构建科学、完整的法治体系。2014 年 10 月 23 日，中共十八届四中全会通过的《关于全面推进依法治国若干重大问题的决定》指出，全面推进依法治国，总目标是建设中国特色社会主义法治体系，建设社会主义法治国家。建设法治国家、法治政府、法治社会，必然对依法治理国家安全事务提出新的更高要求。

良法是善治之前提。特别是，国家安全政策的执行需要以国家强制力为基础，往往会对公众的权利、自由进行限制。有效维护国家安全，首先必须有法可依，在为维护国家安全采取强制措施时需注意比例原则，并规范国家安全执法人员的行为。而且，在新时代，以控制的手段对弥散性的国家安全风险进行管理难以奏效，而法律的统摄范围却可以覆盖每个社会成员。所以，完善国家安全法律法规体系十分重要。但是，“徒法不足以自行”，法律的效果要在执法过程中才能得以彰显。所以，我们要建立国家安全“法制”体系，更需要国家安全“法治”体系。

一、国家安全法制

习近平总书记指出，法律是治国之重器，法治是国家治理体系和治理能力的重要依托。全面依法治国是维护社会和谐稳定、确保党和国家长治久安的根本要求和重大战略。依法治理国家安全事务必然要运用法治方式、法治思维。2015 年 6 月 1 日，全国人大常委会对《十二届全国人大常委会立法规划》进行调整，增加了国家安全的立法项目，包括国家安全法、反间谍法、反恐怖主义法、网络安全法、数据安全法、境外非政府组织管理法、国防交通法等。2016 年 12 月 9 日，中央政治局审议通过的《关于加强国家安全工作的意见》再次强调，必须认识到国家安全的极端重要性并坚持社会主义法治原则。目前，我国基本上已经形成符合自身国情、体现时代特征、系统完备、相互协调的中国特色法律制度体系，为有效维护国家安全奠定了坚实的基础。我国国家安全法制体系包括四个层次，即“宪法＋国家安全基本法＋具体领域的专门性立法＋部门法或单行法中有关的规定”。

国家安全法治建设为保障国家安全提供了坚实的法律基础，使得国家安全有法可依，并使得国家安全建设正规化。国家安全法治建设既体现了总体国家安全观的要求，同时也是中央国家安全委员会的重要职责和任务。习近平总书记也多次强调提高国家安全治理法治化水平，不断提高维护公共安全能力水平，有效防范、化解、管控各类风险，努力建设平安中国。在关于《中共中央关于全面深化改革若干重大问题的决定》的说明中他明确指出，国家安全委员会的主要职责是制定和实施国家安全战略，推进国家安全法治建设，制定国家安全工作方针政策，研究解决国家安全工作中的重大问题。

党的十八届四中全会提出，贯彻落实总体国家安全观，加快国家安全法治建设，抓紧出台反恐怖等一批急需法律，推进公共安全法治化，构建国家安全法律制度体系。党的十八大以来，我国国家安全法治建设的成就除了《国家安全法》之外，还包括《反恐怖主义法》《网络安全法》《国家情报法》等法律，具有中国特色的国家安全法制体系基本确立。在中共中央、国务院印发的《法治政府建设实施纲要（2021—2025 年）》中，国家安全与科技创新、公共卫生、文化教育、民族宗教、生物安全、生态文明、防范风险、反垄断、涉外法治等都被列为重要立法领域，居于首位。

《国家安全法》是一个国家调整国家安全事务的“根本法”。1993 年，我国出台了一部《国家安全法》。这部法律主要调整的是国家安全机关的业务，即情报与反情报、间谍与反间谍工作。在总体国家安全观下，国家安全的内涵发生了巨大的变化。但是，这部法律却占据国家安全基本法的名称。从今天的眼光看，这是一部名不副实的“国家安全法”。

2014 年 8 月 25 日，在十二届全国人大常委会第十次会议上，国家安全部部长耿惠昌提出，将国家安全法名称修改为《反间谍法》。随后，我国对旧《国家安全法》进行修订，更名为《反间谍法》。2015 年 7 月 1 日，我国颁布、实施了体现总体国家安全观的新《国家安全法》。

新《国家安全法》在立法指导思想上体现了总体国家安全的理念，突出强调总体性。它是总体国家安全观以法制形式的呈现，首次以立法形式、按照“能力＋状态”说的逻辑，明确了新时代国家安全的深刻内涵。同时，这部法律公布之日即实施之时，体现了新《国家安全法》作为构建国家安全法制体系中的龙头尽快出台的迫切性、必要性和紧迫性。此外，这部法律体现了保护公民基本权利自由和确保行政紧急权行使之间平衡的思想。新《国家安全法》取代旧《国家安全法》，不仅是“腾笼换鸟”，而且是质的飞跃。

《反恐怖主义法》是国家安全法制的重要组成部分。当今社会恐怖主义成为威胁全人类的重要因素，也是我国所面临的日益严峻的安全威胁领域。与传统的安全领域不同，恐怖主义具有高度的隐藏性、流动性、破坏性，因此，对恐怖主义的打击可以说是一个世界难题。2014 年昆明火车站发生严重暴力恐怖袭击，这表明制定《反恐怖主义法》不仅是完善国家法治建设、推进全面依法治国方略的要求，也是依法防范和打击恐怖主义的现实需要。习近平总书记高度重视打击恐怖主义，强调要深刻认识反恐形势的严峻性复杂性，强化底线思维，以坚决态度、有力措施，严厉打击各种暴力恐怖犯罪活动。

《反恐怖主义法》第二条明确规定：“国家反对一切形式的恐怖主义，依法取缔恐怖活动组织，对任何组织、策划、准备实施、实施恐怖活动，宣扬恐怖主义，煽动实施恐怖活动，组织、领导、参加恐怖活动组织，为恐怖活动提供帮助的，依法追究法律责任。”“国家不向任何恐怖活动组织和人员作出妥协，不向任何恐怖活动人员提供庇护或者给予难民地位。”另外，该法明确界定了恐怖主义的性质、恐怖活动组织和人员的认定、安全防范、国际合作、保障措施、打击手段、领导机关、工作原则等等，可以说，《反恐怖主义法》的出台为国家反恐怖事业提供了坚实的保障。

《网络安全法》推动网络安全迈上新台阶。习近平总书记在网络安全和信息化工作座谈会上指出：“网络安全和信息化是相辅相成的。安全是发展的前提，发展是安全的保障，安全和发展要同步推进。我们一定要认识到，古往今来，很多技术都是‘双刃剑’，一方面可以造福社会、造福人民，另一方面也可以被一些人用来损害社会公共利益和民众利益。从世界范围看，网络安全威胁和风险日益突出，并日益向政治、经济、文化、社会、生态、国防等领域传导渗透。特别是国家关键信息基础设施面临较大风险隐患，网络安全防控能力薄弱，难以有效应对国家级、有组织的高强度网络攻击。这对世界各国都是一个难题，我们当然也不例外。”①

《国家情报法》服务于国家重大决策、化解国家安全风险。2018 年 4 月 27 日修正实施的《国家情报法》第二条规定：“国家情报工作坚持总体国家安全观，为国家重大决策提供情报参考，为防范和化解危害国家安全的风险提供情报支持，维护国家政权、主权、统一和领土完整、人民福祉、经济社会可持续发展和国家其他重大利益。”《国家情报法》与《反间谍法》相互补充，为有效维护国家安全包括国家秘密安全奠定了坚实的基础。

2020 年 6 月 30 日，在香港回归祖国 23 周年纪念日前夕，全国人大常委员通过了《中华人民共和国香港特别行政区维护国家安全法》。这部法律是依法治港的具体体现，堵塞了香港特别行政区在维护国家安全方面存在的制度漏洞，有利于防范、制止和惩治与香港特别行政区有关的分裂国家、颠覆国家政权、组织实施恐怖活动和勾结外国或者境外势力危害国家安全等犯罪。依据该法，香港特别行政区成立维护国家安全委员会，由行政长官担任主席；香港特别行政区政府警务处设立维护国家安全的部门，

① 习近平．在网络安全和信息化工作座谈会上的讲话．北京：人民出版社，2016：15－16.

配备执法力量；中央人民政府在香港特别行政区设立维护国家安全公署。《香港特别行政区维护国家安全法》的出台有利于维护香港的长期繁荣稳定，得民心，顺民意。

二、国家安全执法、司法、守法

国家安全法律的权威和生命力在于实施。国家安全法治建设，不仅要求科学立法，还要做到严格执法、公正司法、全民守法。各部门、各行业、各地方要按照国家安全法律的规定，严格执法、规范执法、文明执法、公正执法，不能有法不依、随意执法，更不能以国家安全执法为名，任意克减公众的基本权利和自由。《国家安全法》第七条规定："维护国家安全，应当遵守宪法和法律，坚持社会主义法治原则，尊重和保障人权，依法保护公民的权利和自由。"第八十三条规定："在国家安全工作中，需要采取限制公民权利和自由的特别措施时，应当依法进行，并以维护国家安全的实际需要为限度。"对于同一执法对象，要提高执法效率，避免重复执法、交叉执法。重大公共政策决策要建立并执行国家安全风险评估制度，重点考察重大决策的国家安全合法性。

公正是国家安全司法的生命线。要大力保障国家安全司法的公正性，确保依法独立行使审判权和检察权。加强对司法人员的国家安全知识培训，约束司法人员以事实为依据、以法律为准绳秉公办案。强化人权司法保障，严禁刑讯逼供、非法取证，及时纠正冤假错案。《国家安全法》第八十二条规定："公民和组织对国家安全工作有向国家机关提出批评建议的权利，对国家机关及其工作人员在国家安全工作中的违法失职行为有提出申诉、控告和检举的权利。"

国家安全法治建设要求对广大社会公众进行常态化的国家安全普法宣传，加强对国家工作人员特别是领导干部的法制教育，增强全社会、各阶层对国家安全法律的认知度、认同度，提升国家安全守法水平。

第四节
国家安全人才体系

国家安全事业兴旺，要在得人。习近平总书记在主持十九届中央政治局第二十六次集体学习时强调："坚持加强国家安全干部队伍建设，加强国家安全战线党的建设，坚持以政治建设为统领，打造坚不可摧的国家安全干部队伍。"[①] 国家安全专门人才必须要具备以下过硬的素质：第一，政治素质。思想政治建设是国家安全专门人才建设的核心和首位，要对国家安全工作从业者进行深入的社会主义核心价值观教育，使其具备坚定的政治信仰，成为忠诚、干净、担当的表率。第二，专业素质。国家安全体系和能力现代化首先是人才的现代化。专业人才要能够全面、准确把握总体国家安全观的深刻内涵，较为全面地了解相关领域的理论与实务，具备从事国家安全工作的专门技能。第三，法律素质。专业人才要熟练掌握国家

① 习近平主持中央政治局第二十六次集体学习并讲话．(2020－12－12)．http://www.gov.cn/xinwen/2020－12/12/content_5569074.htm.

安全法律法规，保守国家秘密、商业机密，尊重个人隐私，带头学法、知法、守法、护法。《国家安全法》第四十三条规定："国家机关及其工作人员在履行职责时，应当贯彻维护国家安全的原则。""国家机关及其工作人员在国家安全工作和涉及国家安全活动中，应当严格依法履行职责，不得超越职权、滥用职权，不得侵犯个人和组织的合法权益。"第四，技能素质。在信息社会，我们还应该利用现代先进的大数据、云计算、物联网、区块链等高新技术，为国家安全工作插上信息化的翅膀。国家安全专门人才要能够借助信息技术来提升国家安全工作的效率。

在新发展阶段，推进国家安全干部队伍正规化、专业化、职业化建设是一项紧迫的任务。《国家安全法》第七十四条规定："国家采取必要措施，招录、培养和管理国家安全工作专门人才和特殊人才。"2018 年 4 月 9 日，教育部下发《关于加强大中小学国家安全教育的实施意见》，提出将国家安全学设为一级学科。同时，依托普通高校和职业院校现有相关学科专业开展国家安全专业人才培养。教育部遴选一批有条件的高校建立国家安全教育研究专门机构，设立相关研究项目。同年 8 月，教育部、财政部、国家发展改革委印发《关于高等学校加快"双一流"建设的指导性意见》，提出要"加强国家战略、国家安全、国际组织等相关急需学科专业人才的培养"。加快国家安全学一级学科建设，培养总体国家安全观指导下的国家安全理论研究人员与实务人才，创新人才培养模式与培养类型，加强特色专业建设，这是高等教育"双一流"建设的重大时代任务。2020 年 9 月 28 日，为了将国家安全教育纳入国民教育体系，教育部印发《大中小学国家安全教育指导纲要》，指导大中小学系统、规范、科学地开展国家安全教育。这份文件明确提出了国家安全教育的目标，科学设置了教育教学的整体架构和主要内容，提出了各学段具体的教育内容要求。2020年12月30日，国务院学位委员会、教育部联合发文，决定设置“国家安全学”一级学科（学科代码“1402”），属于“交叉学科”门类（代码“14”）。未来，我国应探索建立国家安全专业干部招培录一体化制度，打造忠诚可靠、业务精良、敢于担当的人才队伍。2021年4月14日，总体国家安全观研究中心挂牌成立，秘书处设在中国现代国际关系研究院。这一机构的设立，有利于国家安全学科的发展。

第五节
国家安全教育

统筹发展和安全，必然要求国家安全成为各部门、各行业、各地方的一项重要工作。维护国家安全除了专业人才，还需要一个庞大的掌握通识知识的兼职人员队伍和公众团体。这使得广泛开展国家安全教育、提升全民国家安全素养非常必要。党的二十大提出，全面加强国家安全教育，提高各级领导干部统筹发展和安全能力，增强全民国家安全意识和素养，筑牢国家安全人民防线。

2014年4月25日，在主持十八届中央政治局第十四次集体学习时，习近平强调：“要加强对人民群众的国家安全教育，提高全民国家安全意识。”[①] 2015年7月1日，第十二届全国人民代表大会常务委员会第十五次会议通过了《中华人民共和国国家安全法》，规定：“国家加强国家安全新闻宣传和舆论引导，通过多种形式开展国家安全宣传教育活动，将国家安全教育纳入国民教育体系和公务员教育培训体系，增强全民国家安全意识。”“每年4月15日为全民国家安全教育日。”此外，《国家安全法》还规定：“机关、人民团体、企业事业组织和其他社会组织应当对本单位的人员进行维护国家安全的教育，动员、组织本单位的人员防范、制止危害国家安全的行为。”2016年通过的《加强国家安全工作的意见》中明确提出，必须开展国家安全宣传教育，增强全社会国家安全意识。

国家安全教育是国家安全能力建设的重要组成部分。2016年4月10日，在首个全民国家安全教育日即将来临之际，习近平总书记做出重要指示，强调：“国泰民安是人民群众最基本、最普遍的愿望。实现中华民族伟大复兴的中国梦，保证人民安居乐业，国家安全是头等大事。要以设立全民国家安全教育日为契机，以总体国家安全观为指导，全面实施国家安全法，深入开展国家安全宣传教育，切实增强全民国家安全意识。要坚持国家安全一切为了人民、一切依靠人民，动员全党全社会共同努力，汇聚起维护国家安全的强大力量，夯实国家安全的社会基础，防范化解各类安全风险，不断提高人民群众的安全感、幸福感。”[②] 因此，设立全民国家安全教育日意义深远。

首先，全民国家安全教育日的设立是贯彻总体国家安全观的要求。一

① 习近平．习近平谈治国理政．北京：外文出版社，2014：203.

② 习近平在首个全民国家安全教育日之际作出重要指示强调 汇聚起维护国家安全强大力量 不断提高人民群众安全感幸福感．人民日报，2016-04-15.

个完整的国家安全必然是综合的反映，而国家安全教育是国家安全体系的基石，加强国家安全教育既要坚持总体国家安全观，也是对总体国家安全观的反映。

其次，提高全民安全意识是国家安全教育的根本。提高全民安全意识是国家安全教育的本质和保障，没有全民安全意识的增加，也就没有国家安全维护能力的增强。新时代国家安全最突出的一个特点是安全由过去的安全部门、政府部门主管，上升为党委主导、全民参与，这一变化表明，国家安全并非只是哪一个人、哪一个部门的事情，而是需要全社会共同参与。设立全民国家安全教育日，对于社会公众全面、深刻地把握国家安全的内涵，提升防范国家安全风险的意识和应对国家安全危机的能力，都具有重要的宣教作用。

最后，全民国家安全教育日的设立有利于建立全社会共同参与的国家安全新格局。《国家安全法》设立全民国家安全教育日，是为了集中地向社会公众传播国家安全方面的知识，便于在短时间内起到良好的宣传效果，让更多的社会公众接触和了解国家安全方面的法律知识，特别是懂得如何依法履行自身在维护国家安全方面的职责和义务。

开展国家安全教育最重要的实践意义，就是要动员政府和全社会共同参与到维护国家安全的各项工作中来。维护国家安全与每个人的切身利益密切相关，以人民安全为宗旨也是总体国家安全观的核心价值。只有人人参与、人人负责，国家安全才能真正获得巨大的人民性基础，也才能有坚实的制度保障。

总之，自党的十八大以来，尤其是十八届三中全会做出《中共中央关于全面深化改革若干重大问题的决定》以后，我国国家安全体制日益健全、国家安全法制不断完善、国家安全战略全面提出、国家安全教育逐步推广，国家安全体系现代化水平得到有效提升，走出了一条具有中国特色的国家安全道路。

推动国家安全治理体系和能力现代化，未来要重点加强四个方面的能力建设：一是维护国家执政安全能力；二是确保国家经济安全能力；三是保障人民生命安全能力；四是维护社会稳定和安全能力。这些是统筹发展与安全、建设高水平的平安中国的重要方面，也是国家安全能力现代化的重点领域。

第五章

维护国家安全能力的现代化

当前，世界百年未有之大变局与中华民族伟大复兴战略全局深入互动、与世纪疫情相互交织，世界进入了一个新的动荡变革期。同时，我国国内改革发展稳定的任务异常繁重，必须推动维护国家安全能力走向现代化。国家安全体系是国家安全能力的基础，国家安全能力现代化是国家安全体系现代化的输出。前者是静态的，后者是动态的。

正如习近平总书记所言，我国发展仍然具有诸多战略性的有利条件，包括“有中国共产党的坚强领导”“有中国特色社会主义制度的显著优势”“有持续快速发展积累的坚实基础”“有长期稳定的社会环境”“有自信自强的精神力量”。但是，我们要有效维护国家安全，还必须将“五大有利条件”转化为捍卫国家的强大能力。

第一节 面向现代化的国家安全能力

风险与安全是相辅相成的概念。影响国家安全的风险是系统性的风险。各种威胁、挑战联动交织、传导叠加、演变升级，就可能形成风险综合体，危及国家安全。在向第二个百年目标奋进的新征程上，我国应着眼国内外安全形势变化，强化底线思维、极限思维，根据风险挑战的新规律和维护国家安全的新要求，着眼应对“黑天鹅”与“灰犀牛”，形成面向现代化的国家安全能力，从而实现主动塑造安全、防范化解重大风险、有效管控国家危机的有机统一。

一、国家安全风险监测评估能力

根据党的十九届五中全会精神，“十四五”时期我国经济社会发展的主要目标之一即防范化解重大风险体制机制不断健全。体制机制的完善将使防范化解重大风险工作落地，从而为构建国家安全风险监测评估机制提供良好的条件。

从演进的过程看，风险是危机的“过去时”，危机是风险的“将来时”。有效维护国家安全，必须未雨绸缪，将管控的环节延伸至风险管理，对国家安全风险进行监测评估并在此基础上及时发布预警信息。只有这样，才能做到“敌动我知、敌未动我先知”“下好先手棋、打好主动仗”，防止非公共性风险演变为公共性风险、非政治性风险转化为政治性风险、局部性风险演变为系统性风险。

根据《国家安全法》对国家安全的界定，国家安全风险是指影响国家政权、主权、统一和领土完整、人民福祉、经济社会可持续发展和国家其他重大利益的风险。也就是说，判定国家安全风险的标准是：（1）对国家政权、主权、统一和领土完整构成或可能构成严重威胁；（2）对人民福祉、经济社会可持续发展构成或可能构成严重威胁；（3）对国家其他重大利益构成或可能构成严重威胁。如果安全风险评估的结果符合以上三个条件之一，那这种风险就构成国家安全风险。

第一，要加强国家安全风险监测。主要是指应用技术或人力的手段对影响国家安全的致灾因子进行持续的监督与测量。它表现为对如洪水、地震、台风、传染病疫情等危险源的监测，也表现为对恐怖分子、犯罪组织等重点对象的盯控。国家安全风险监测具有宏观性、全局性、系统性，很难面面俱到地聚焦各公共安全领域中具象化的致灾因子。换言之，国家安全研判属于高级的综合研判，不需要事无巨细、面面俱到。而且，国家安全风险主要表现为一种系统性风险，其监测与评估必须在总体国家安全观的指导下，加强连接和协同，注重信息的整合与分析，进而从整体上统筹把握国家安全风险形势。

第二，要加强风险评估。国家安全风险监测侧重于对重点人员、重点场所、重点事件进行监测，并对国家安全威胁的可能性进行分析。而风险评估则要结合国家安全的脆弱性这一重要因子，对国家安全风险的严重性进行预判。脆弱性是指一个社会系统相对于特定事件的易损性。同样一个事件发生在不同的时间、不同的地点，社会系统表现出的脆弱性不同，与国家安全的关联性也就不同。

《国家安全法》第五十六条规定："国家建立国家安全风险评估机制，定期开展各领域国家安全风险调查评估。""有关部门应当定期向中央国家安全领导机构提交国家安全风险评估报告。"风险是事件发生的可能性与严重性共同作用的结果，因此评估风险可以从风险发生的可能性及风险的影响程度两方面入手。

第三，将评估的结果与危机风险水平进行比较。根据"交通灯"模式，不同程度的国家安全危机风险可以被划分为三个等级：低等级的是可接受风险（acceptable risk），基本不会产生国家安全威胁，需要监测；中等级的是可容忍风险（tolerable risk），社会受到一定程度的扰动，但可以依靠自身的能力加以修补和矫正；高等级的是不可容忍风险（intolerable risk)，社会受到严重影响，需要采取特别手段，进行应急处置。

二、国家安全风险预警能力

当今世界充满了复杂性，衍生出许多难以预测的效应。“各种社会临界事件由于突发性强、演变速度快、波及范围大、联动因素多，其复杂性特征表现得异常明显，如临界性往往具有不可预测性。”① 预警有助于防止临界性事件的发生。

《国家安全法》第五十七条规定：“国家健全国家安全风险监测预警制度，根据国家安全风险程度，及时发布相应风险预警。”风险预警是指管理者在预测的基础上，对风险进行有效评估，并向相关部门及可能受到影响的社会公众发出警报的活动。因此，预警需要在预测的基础上解释清楚可能会发生什么、如何行动才能避免事件影响的最坏结果。

第一，国家安全风险预警要及时，即把握好预警的时机。国家安全风险预警机制功能实现的前提是：在国家安全危机事件发生之前，识别存在的各种威胁。在此基础上，采取适当的措施发出警报，敦促有关部门及社会公众采取行动，避免国家安全危机的发生或者最大限度地减轻国家安全危机的影响。预警机制如果不能及时发现潜在的风险并传递相关的警情，也就不能为提前采取响应措施赢得宝贵的时间，其存在也就失去了意义和价值。但是，国家安全风险预警也必须谨慎。

第二，国家安全风险预警要准确。准确性原则要求国家安全风险预警必须从客观实际出发，尊重历史和现实资料，分析国家安全危机相关因素

---

① 秦天. 重大安全威胁临界管理研究. 北京：国防大学出版社，2014：21.

之间的本质联系以及国家安全危机的演化路径和发展趋势，发出准确的警报。这是因为警报一旦发出，有关部门及社会公众采取应对措施，就会产生一定的成本。如果预警不准确，付出的成本就不会带来预期的收益。长此以往，预警的信任度就会降低，也会导致严重的后果。

第三，国家安全风险预警要全面。全面性原则要求预警信息涵盖所有的利益相关者，而不能挂一漏万、顾此失彼。在预警信息的传播中，要调用多样化的信息传递渠道，要运用现代化的信息手段，如电视、广播、互联网、手机等，以确保信息发布的对象可以及时接收信息。

第四，国家安全风险预警要适当。国家安全风险预警的时机、范围与对象要适当。首先，国家安全风险可能涉及国家秘密，不遵循信息公开的原则。其次，国家安全风险预警的对象可能是政府部门，也可能是社会公众，要进行区分、精准预警。再次，国家安全风险预警需要选择发布时机，避免产生或加剧社会恐慌。

第五，国家安全风险预警要以行动为导向。国家安全风险预警信息发布后，国家安全委员会办公室应督促有关部门或社会公众，采取必要的行动规避风险，做好应对国家安全危机事件的充分准备，并阻断风险传播链条和风险转化的渠道。适当的行动是检验一切预警成功或失败的一个重要尺度。通常，预警是一个承上启下的重要环节。它上接风险监测、评估两个环节，下联行动环节。

三、国家安全情报收集能力

国家安全决策离不开情报与信息。情报与信息是两个相互关联又彼此区分的概念：情报是经过加工的有用信息，一般分为人力情报和技术情报两种类型。从获取的手段上看，情报又包括公开情报和秘密情报。因此，情报不等于谍报。信息的概念要大于情报，情报的概念又大于谍报。

《国家安全法》第五十一条规定："国家健全统一归口、反应灵敏、准确高效、运转顺畅的情报信息收集、研判和使用制度，建立情报信息工作协调机制，实现情报信息的及时收集、准确研判、有效使用和共享。"就这条而言，它将情报与信息混为一谈，但主要是指情报。

在总体国家安全观视角下，国家安全的内涵和外延发生了重大的变化。信息报送与情报收集同样重要，及时、广泛的信息收集是情报分析的基础。有效管控国家安全危机，必须将触角向前延伸到情报收集与信息报送环节，以便为科学、高效的危机决策奠定基础。

在新时代，国家安全风险是系统性风险，国家安全是总体性安全。国家安全决策必须依赖整合式情报分析基础上的综合研判。情报的整合可以产生涌现效应，使 1＋1 大于 2，从而使分散收集的情报得以发挥最大效用。《国家情报法》强调："国家情报工作坚持总体国家安全观，为国家重大决策提供情报参考，为防范和化解危害国家安全的风险提供情报支持，维护国家政权、主权、统一和领土完整、人民福祉、经济社会可持续发展和国家其他重大利益。"因此，国家情报工作的目标是：防范化解国家安全风险，有效维护国家安全。

在总体国家安全观视角下，国家安全是统筹军民、兼顾内外的。情报机构彼此分割的状态是不能符合新时代国家安全工作需要的。《国家情报法》第三条规定："国家建立健全集中统一、分工协作、科学高效的国家情报体制。""中央国家安全领导机构对国家情报工作实行统一领导，制定国家情报工作方针政策，规划国家情报工作整体发展，建立健全国家情报工作协调机制，统筹协调各领域国家情报工作，研究决定国家情报工作中的重大事项。”“中央军事委员会统一领导和组织军队情报工作。”中央国家安全委员会具有很高的权威性，可以对情报工作进行统一领导并对各部门、各地方收集的情报进行最终整合、分析、研判，以加强情报工作的系统性、集成性与整合性。

进入 21 世纪后，新一代信息技术为国家安全机构使用大数据、云计算、人工智能、物联网等工具收集国家安全情报提供了便捷的条件。我们应该努力实现以信息化提升国家安全情报现代化、智慧化的水平。

情报除了收集之外，还需要进行整合、分析与研判。但是，过去以部门为主导的情报工作模式画地为牢，限制了彼此之间的情报共享。在总体国家安全观视角下，这种局面必须打破。此外，我国积极构筑国家安全人民防线，鼓励社会公众参与国家安全情报工作。《国家情报法》第三十七条规定：“国家情报工作机构应当为个人和组织检举、控告、反映情况提供便利渠道，并为检举人、控告人保密。”信息的收集过程主要是在政府主导下进行的，但企业、社会组织和个人的参与也是必要的，以体现专群结合、全民共治的理念。

四、国家安全信息报送能力

信息报送与情报收集是两个相反的过程：信息报送是下对上的主动信息提供，而情报收集则是上对下的有效信息抓取。不仅如此，情报通常是有价值的，而信息则有可能是无价值的。

信息来源的单一往往会导致信息的匮乏、失真和扭曲。决策者因缺少不同的信息以进行相互的比较、补充，不能做出正确的判断，导致决策失误的可能性会增大。因此，国家安全信息报送的主体必须是多元的。

国家安全工作为了人民，又依靠人民，必须坚持“全社会参与”的原则，必然要求公民有很强的国家安全意识，对国家安全事件具有高度的敏感性。例如，我国反恐信息管理就采取了全社会参与的措施，包括：（1）国家反恐怖主义工作领导机构建立国家反恐怖主义情报中心，地方反恐怖主义工作领导机构建立跨部门情报信息工作机制，对反恐情报归口管理、进行整合；（2）依靠群众，加强情报的基层基础工作；（3）有关部门对有关情报信息进行筛查、研判、核查、监控后，认为有发生恐怖事件危险，需要采取安全防范、应对处置措施的，通报有关部门和单位，并视情况发出预警；（4）任何单位和个人发现恐怖活动嫌疑或者恐怖活动嫌疑人员，及时向公安机关或有关部门报告；（5）电信业务经营者、互联网服务提供者发现含有恐怖主义、极端主义内容的信息，及时向公安机关或有关部门报告。

信息报送要追求及时、准确、客观。如果信息报送渠道不畅，那么，即便是报送主体掌握了丰富的信息，也不能将其传递给特定的接收对象。我国国家安全风险和危机事件信息报告可依托的渠道包括：

第一，官方渠道。事件信息报告责任单位可通过党政政务专网应急平台信息报告系统、电话、传真、报告文件等形式，或其他有效途径向上级政府应急管理部门报告。

第二，新闻媒体。国家安全部门可从新闻媒体的报道中获取有关危机事件的信息，对其中所反映的重要情况及时核实，并对其中有价值的线索进行深度挖掘、形成调研报告，服务国家安全决策。

第三，信息报告员。基层政府可以结合实际，积极探索在企业、社区、农村、学校等基层单位建立专职或兼职信息报告员制度，建立国家安全风险报告的激励等机制，以保证信息报告员在第一时间获得信息，并在第一时间将信息传递给有关部门，为快速开展危机决策提供依据。

第四，公众参与。国家安全机构可结合实际情况，开通统一公开的举报电话、短信平台、电子信箱等有效途径，接受社会公众有关信息的报告，并经核实后进一步报告给有关部门。

通过多种渠道接收到的信息是泥沙俱下的，需要有一个去粗取精、去伪存真的分析过程。为了提升信息报送的质量，国家安全部门要将国家安全教育常态化，对公众进行必要的素质教育和技能培养。否则，被调动起来的社会力量所报送的海量信息可能严重缺乏情报挖掘的价值，给专业筛选带来困难。

五、国家安全危机事件指挥与处置能力

国家安全危机与公共危机或突发事件不同。国家安全危机描述的是国家安全受到严重挑战，危及国家主权、安全和利益以及经济社会发展和人民群众福祉的情境。而国家安全危机事件是指导致国家安全危机发生的焦点性事件。《国家安全法》第六十三条和第六十四条中有“危及国家安全的重大事件”和“危及国家安全的特别重大事件”的表述，但并没有对重大事件和特别重大事件的分级标准进行详细的规定，只是对响应主体和措施做出了区分。

国家安全危机事件可以分为两级：（1）重大事件，由中央有关部门和有关地方根据中央国家安全领导机构的统一部署，依法启动应急预案，采取管控处置措施；（2）特别重大事件，除了可以启动一般性的管控处置措

施外，还可以根据需要，由法定部门宣布进入紧急状态、战争状态或者进行全国总动员或局部动员。为了有效应对国家安全危机事件，必须遵照以下原则，构建完善的指挥与处置机制：

第一，统一领导，合力处置。中央国家安全委员会负责统筹协调国家安全重大事项和重要工作，对国家安全危机事件的管控进行统一部署。中央有关部门和有关地方根据中央国家安全委员会的部署，启动预案，采取管控处置的措施。国家安全危机事件的处置需要跨部门甚至跨地域调动资源，因而必须形成高度集中、统一领导的应急管理指挥系统。其中，统一领导关键要在各级党委的领导下，发挥各部门、各地方作用，调动全社会的力量，形成应急的合力。

第二，社会动员，协调联动。危机往往因其涉及范围广、社会影响大，超出了某个政府部门甚至某级地方政府的控制能力，需要开展社会动员、实现协调联动。一是整合政府、企业和第三部门力量，形成共同治理危机的网状化格局，发挥整体效能；二是危机发生地政府同周边地区政府建立同声相应的应急互助伙伴关系，统筹调动人力、物力、财力资源；三是要充分发挥武装力量在应急救援中的突击队作用，体现军民结合、平战结合的精神。

第三，依靠科学，专业处置。在危机处置过程中，发挥专家的决策智力支撑作用，特别是高校和外部的智库机构可以较客观地分析国家安全危机情境，为决策处置提供参考。同时，我们也要充分利用专业人员的专业装备、专业知识、专业能力，使危机处置能够依法、科学、有序地进行，进而减少不必要的生命、财产损失。

第四，依法处置，保护民权。处置危机需要行使行政紧急权，在紧急状态下特事特办，最大限度地减少危机造成的损失。但是，在应急处置的过程中，我们必须既要维护公众秩序、保证国家安全，又要维护公民权利、保障基本人权，防止行政紧急权力的滥用，遵循禁止过度的原则。

《国家安全法》第四十九条规定："国家建立中央与地方之间、部门之间、军地之间以及地区之间关于国家安全的协同联动机制。"在国家安全危机事件管控中，如果缺少有效的协调与合作，就不能形成应对危机的强大合力，甚至导致摩擦与内耗，增加危机处置的难度。增强应急协调与合作，可以避免应急管理出现横向碎片化或纵向碎片化的弊端，防止应急服务出现缺位与空白，减少交叉重复所引致的浪费。

六、国家安全信息报告与发布能力

国家安全危机事件发生后，信息报告是及时开展科学决策的基础。同时，在信息高度透明的时代，国家安全危机事件发生后，必须对相关的信息进行发布，以安抚公众、稳定社会。

《国家安全法》第六十七条规定，国家安全危机事件发生后，履行国家安全危机管控职责的有关机关，应当按照规定准确、及时报告。按照汉语的表达习惯，报告是下级机关向上级机关报送信息的行为。

国家安全危机事件报告的信息内容一般要包括以下要素：时间、地点、信息来源、事件起因和性质、基本过程、已造成的后果、影响范围、事件发展趋势、处置情况、采取的措施以及下一步工作建议等。信息报告是一个持续的过程，可以分为初次报告、阶段报告和总结报告。当危机事件发生时，下级机关要进行初报；随着危机事件持续演进或应急处置取得新的进展，下级机关要及时地续报；危机事件处置结束后，下级机关要进行终报。在不同的阶段，信息报告内容的侧重点也是不同的。

国家安全事件信息报告责任单位可通过安全、保密的政务专网应急平台信息报告系统、电话、传真、报告文件等形式，或其他有效途径向上级部门报告信息。但是，无论哪一种形式，信息报告必须符合国家有关信息安全与保密的规定。必要时，下级部门工作人员必须向上级部门面对面汇报。

在国家安全危机管控中，及时、准确、持续的信息报告对于提高快速反应能力，及时、有效地采取处置措施、控制事态发展至关重要。因此，信息报告必须遵循及时、准确、持续三大原则。

根据《国家安全法》的规定，国家安全危机事件发生后，履行国家安全危机管控职责的有关机关要依法将有关国家安全危机事件发生、发展、管控处置及善后情况统一向社会发布。简言之，信息发布是指政府向社会公众传播公共信息的行为。

我国在国家安全相关工作实践中非常重视信息发布机制的建设。例如，根据《反恐怖主义法》，信息发布的安排如下：（1）发布主体。由恐怖事件发生地的省级反恐怖主义工作领导机构统一发布；跨省、自治区、直辖市发生的恐怖事件，由指定的省级反恐怖主义工作领导机构统一发布。（2）内容。恐怖事件的发生、发展和应对处置信息，以及应对处置措施适用的时间和空间范围。（3）控制措施。控制对象包括：虚假恐怖事件信息，可能引起模仿的恐怖活动的实施细节，恐怖事件中残忍、不人道的场景，非经批准的现场应对处置的工作人员、人质身份信息和应急处置行动情况。

信息发布的主体是法定行政机关，即履行国家安全危机管控职责的有关机关；信息发布的客体是广大的社会公众；信息发布的内容是有关危机事件的信息；信息发布的形式是主动地向社会公众公开，而且以便于公众知晓的方式主动公开。

一般而言，突发事件信息发布的流程包括以下四个关键性环节：第一，进行相关信息收集、整理与分析、核实，确保信息的客观、准确与全面。第二，根据舆情监控，确定信息发布的目的、内容与重点、时机。其中，危机管控机关要对拟发布信息进行保密审查，剔除涉及国家秘密、商业秘密和个人隐私的内容或做一定的技术处理。第三，确定信息发布的方式，并以适当的方式适时向社会公众发布。第四，根据信息发布后的舆情，进行危机事件信息的后续发布或补充发布。

在国家安全危机事件后，非常容易滋生谣言。谣言的不胫而走往往引发社会公众的恐慌情绪，令危机管理节外生枝，增添危机管理的难度。所以，控制谣言是危机沟通的一项重要任务。通常，谣言与事件的重要性和信息的模糊性成正比，与社会公众的批判能力成反比。根据谣言的产生与传播规律，国家安全机构应采取如下应对谣言的措施：

第一，提高社会公众的信息甄别能力。信息甄别能力直接影响到社会公众对各种信息真假的判断。目前我国网民年龄、学历水平偏低，信息甄别意识较差，对信息传播危害性预期不足，易相信网络谣言，并成为谣言的受众和新的传播者。从传播学的角度看，信息在传播过程中必然会受到外部能量的干扰，导致信息失真、谣言放大。同时，在“从众心理”和“群体极化效应”的影响下，更多网民成为谣言信息的接收者和传播者。因此，应提升社会公众的谣言免疫能力，做到不信谣、不传谣，从而缩短谣言传播的路径，减小谣言传播的空间范围。

第二，提高信息的透明度。事件发生后，海量的信息真假难辨，社会公众难免恐慌、猜测，相信并传播谣言，网络信息泛滥促进了谣言的产生和传播；同时来自政府、权威部门和权威人士声音的缺失也给谣言传播留出了时间和空间，政府信息公开不及时成为谣言泛滥的主要原因。

第三，加强社会舆情监测，发挥“意见领袖”的作用。危机事件发生后，政府及各大媒体都应当进入到事件社会舆论应对和引导的紧急状态中，加强对各网络载体或通道上的舆情信息进行全面、实时监测。首先，强化网络信息“把关人”的作用，加强网络信息的审查力度，对那些负面的舆论、带有个人色彩的偏激言语进行阻止和过滤，处理不良或者虚假信息，保持网络环境的纯净。其次，政府应精心培养一批政治素质高、说理能力强、思想观点符合社会发展主旋律的网民来充当“意见领袖”，引导网民走出舆论的盲点，在交流中引导大众舆论，促进正确舆论的形成。最后，可以通过权威专家在各种媒体，如电视新闻、报纸或者门户网站对事件相关信息进行解读，提高社会公众正确认识和甄别信息真伪的能力，强化主流言论。

第二节

全面提升维护主要领域国家安全能力

在中央国家安全委员会第一次会议上，习近平在阐述总体国家安全观时，提出要构建集政治安全、国土安全、军事安全、经济安全、文化安全、社会安全、科技安全、信息安全、生态安全、资源安全、核安全等于一体的国家安全体系。总体国家安全体系是动态、开放的。新冠肺炎疫情发生后，习近平反复强调，要将生物安全纳入国家安全体系。这些安全是我国国家安全的主要领域，事关中国的和平发展与民族复兴大业，必须有效、统筹加以维护。

一、政治安全

国家安全是一个政治概念。政治安全是国家安全最重要的领域，主要包括制度安全、政权安全和意识形态安全三个方面。当今世界，霸权主义、强权政治依然存在。某些西方发达国家处心积虑地对社会主义中国推行其政治制度与价值观念。特别是，冷战结束后，这些国家借助 NGO 推动全球民主化进程，对别国的政治制度进行颠覆和破坏。在改革开放进入深水区的背景下，社会矛盾的集聚可能为境外敌对势力所利用，进而威胁我国的政治安全。习近平说："理想信念动摇是最危险的动摇，理想信念滑坡是最危险的滑坡。我一直在想，如果哪天在我们眼前发生'颜色革命'那样的复杂局面，我们的干部是不是都能毅然决然站出来捍卫党的领导、捍卫社会主义制度？我相信，绝大多数党员、干部是能够做到的。"[①] 作为执政党，我们党要在世界形势深刻变化的历史进程中始终走在时代前列，在应对国内外各种风险和考验的历史进程中始终成为全国人民的主心骨，在发展中国特色社会主义的历史进程中始终成为坚强的领导核心。

---

① 中共中央文献研究室. 十八大以来重要文献选编：上. 北京：中央文献出版社，2014：339-340.

中国特色社会主义进入新时代，如何继续坚持和发展中国特色社会主义成为政治发展上的首要问题。正如习近平总书记所说："近些年来，国内外有些舆论提出中国现在搞的究竟还是不是社会主义的疑问，有人说是'资本社会主义'，还有人干脆说是'国家资本主义'、'新官僚资本主义'。"① 这表明能不能继续坚持中国特色社会主义、怎样坚持中国特色社会主义是理论和实践上的一个重要命题。

政治安全是国家安全的"命根子"。维护国家政治安全，首先要坚持党的领导和社会主义制度。"过去不能搞全盘苏化，现在也不能搞全盘西化或者其他什么化。冷战结束后，不少发展中国家被迫采纳了西方模式，结果党争纷起、社会动荡、人民流离失所，至今都难以稳定下来。……我们千万不能'邯郸学步，失其故行'。我们就是把马克思主义中国化，就是搞中国特色社会主义。"② 坚持党的领导和中国特色社会主义道路，确保中国共产党长期执政，这是捍卫政治安全的基本要义。在政治安全方面，我们绝不能犯全局性、颠覆性的错误。

二、国土安全

国土安全主要指一个国家主权范围内的领陆、领水、领空和底土四个方面的安全，这是传统的国家生存空间范围的安全③。国土安全是我国的核心利益所在。强调国家领土、领水、领空的完整性，也就是强调领土、领

---

① 中共中央宣传部. 习近平总书记系列重要讲话读本. 北京：学习出版社，人民出版社，2014：15.

② 中共中央文献研究室. 十八大以来重要文献选编：上. 北京：中央文献出版社，2014：110-111.

③ 余飞. "国土安全"是国家安全基础中的基础. 法制日报，2014-04-26.

水、领空不受威胁，不受恐怖主义袭击，不受大规模杀伤性武器的影响，同时还强调保证国家关键基础设施，如电厂、公路、铁路、机场的安全。

在经济技术不断发展和前进的过程中，国家生存空间领域也在毫无疑问地不断拓展，网域、天域和经济海域等空间的安全也亟待引起关注和重视。尤其是对于海洋国土问题。习近平指出："21 世纪，人类进入了大规模开发利用海洋的时期。海洋在国家经济发展格局和对外开放中的作用更加重要，在维护国家主权、安全、发展利益中的地位更加突出，在国家生态文明建设中的角色更加显著，在国际政治、经济、军事、科技竞争中的战略地位也明显上升。"① 海洋国土问题的解决也应尽快提上日程，无论是海洋划界还是岛屿争端都应得到重视和关注。

虽然我国周边安全环境总体向好，但威胁我国国土安全的热点问题不时凸显。随着民进党拒绝承认"九二共识"，坚持"台独"的主张和立场，两岸关系出现危机，来之不易的台海和平和两岸关系和平发展成果有可能得而复失。南海形势受到域外国家的搅局正变得日益复杂和不安，严重影响中国的合理海洋权益。

"我们坚决维护国家主权和领土完整，绝不容忍国家分裂的历史悲剧重演。一切分裂祖国的活动都必将遭到全体中国人坚决反对。我们有坚定的意志、充分的信心、足够的能力挫败任何形式的'台独'分裂图谋。我们绝不允许任何人、任何组织、任何政党、在任何时候、以任何形式、把任何一块中国领土从中国分裂出去！"② 作为中国的核心利益，国家领土完

---

① 习近平在中共中央政治局第八次集体学习时强调 进一步关心海洋认识海洋经略海洋 推动海洋强国建设不断取得新成就. 人民日报，2013-08-01.

② 习近平. 决胜全面建成小康社会 夺取新时代中国特色社会主义伟大胜利：在中国共产党第十九次全国代表大会上的报告. 北京：人民出版社，2017：57.

整问题没有任何讨价还价的余地。“藏独”“港独”“台独”等分裂势力的图谋不会得逞，因为它们触碰了中国国家安全和国家利益的底线。

三、军事安全

纵观当今世界，总体和平、局部战争，总体缓和、局部紧张，总体稳定、局部动荡。军事安全依然是国家安全的重要组成部分，是维护国家安全的最后手段。军队在解决传统安全问题和非传统安全问题中发挥着无可替代的重要作用。“国防和军队建设是国家安全的坚强后盾。没有一个巩固的国防，没有一支强大的军队，和平发展就没有保障。新中国成立以来，正是因为我们高度重视国防建设，敢于在关键时刻亮剑，才顶住了来自外部的各种压力，维护了国家的独立、自主、安全、尊严。现在，虽然维护国家安全的手段和选择增多了，我们可以灵活运用、纵横捭阖，但千万不能忘记，军事手段始终是保底的手段。”①

习近平指出：“军事领域是竞争和对抗最为激烈的领域，也是最具创新活力、最需创新精神的领域。我们要抓住当前世界科技革命、产业革命、军事革命蓬勃发展的历史机遇，紧紧围绕能打仗、打胜仗的目标，深入推进中国特色军事变革，把我军建设成为召之即来、来之能战、战之必胜的威武之师，努力夺取我军在军事竞争中的主动权。”② 目前，我国军队现代化水平与国家安全需求以及世界先进国家相比还有不小的差距。在世界科技革命、产业革命、军事革命背景下，抓住机遇，推动军民融合发

---

① 中共中央党史和文献研究院. 习近平关于总体国家安全观论述摘编. 北京：中央文献出版社，2018：52。

② 同①50－51.

展，提升维护国家安全的军事实力意义尤为重大。

四、经济安全

经济安全是国家安全的基础。和平的世界环境和经济的全球化为我国推进现代化进程提供了一个有利的外部环境。但是，在全球化浪潮中，暗含着多种风险。我国正处于经济发展的“三期叠加”阶段，即增长速度换档期、结构调整阵痛期、前期刺激政策消化期，防范风险，包括国际风险的压力特别巨大。

在经济全球化背景下，经济因素对国家安全的影响越来越大。特别是，目前我国正处于经济转型发展的关键时期，面临着跨越“中等收入陷阱”的挑战。2013 年 12 月 10 日，习近平在中央经济工作会议上发表讲话。他说：“我国正处于跨越‘中等收入陷阱’并向高收入国家迈进的历史阶段，矛盾和风险比从低收入国家迈向中等收入国家时更多更复杂。所以，凡事要从坏处准备，努力争取最好结果，做到有备无患。我们注重处理好经济社会发展各类问题，既防范增长速度滑出底线，又理性对待高速增长转向中高速增长的新常态；既强调改善民生工作，又实事求是调整一些过度承诺；既高度关注产能过剩、地方债务、房地产市场、影子银行、群体性事件等风险点，又采取有效措施化解区域性和系统性金融风险，防范局部性问题演变为全局性风险。”①

当前，受国际经济危机的影响，西方国家贸易保护主义抬头，逆全球化趋势明显，美国为遏制中国崛起不惜与中国开展贸易战，对中兴等企业

---

① 中共中央党史和文献研究院. 习近平关于总体国家安全观论述摘编. 北京：中央文献出版社，2018：70－71.

挥舞制裁的大棒。就内部而言，我国正在积极推行新发展理念，展开“三去一降”和供给侧改革。改革期也是阵痛期和脆弱期，维护国家经济安全的任务十分繁重。

在国家经济安全中，金融安全至关重要。所谓金融安全就是货币资金融通的安全，凡是与货币流通以及信用直接相关的经济活动、一国国际收支和资本流动的各个方面均属于金融安全范畴，其状况直接影响和决定经济安全的状况。金融安全的意义在于规避金融风险，防范金融危机。我国金融风险主要来自两方面：一是银行和大型企业、事业单位。由于我国金融体制相对落后，使得银行不良贷款逐年上升，出现了大量的企事业单位无力偿还银行贷款。二是来自股市的潜在风险。目前，我国股民已经达到数千万，涉及大量的普通家庭，由于我国金融法律体制不健全，对股市的管理不规范，股市的大幅波动会给个人和家庭带来严重的经济安全影响，存在潜在经济威胁。这些都给我国国家经济安全造成了很大的影响，威胁着国家的安定。

习近平高度重视金融安全。2017 年 4 月 25 日，他在主持十八届中央政治局第四十次集体学习时说：“金融安全是国家安全的重要组成部分，是经济平稳健康发展的重要基础。维护金融安全，是关系我国经济社会发展全局的一件带有战略性、根本性的大事。金融活，经济活；金融稳，经济稳。”① 2016 年 12 月 14 日，他在中央经济工作会议上发表讲话指出：“当前，金融风险易发高发，虽然系统性风险总体可控，但不良资产风险、流动性风险、债券违约风险、影子银行风险、外部冲击风险、房地产泡沫

① 习近平在中共中央政治局第四十次集体学习时强调 金融活经济活金融稳经济稳 做好金融工作维护金融安全. 人民日报，2017-04-27.

风险、政府债务风险、互联网金融风险等正在累积，金融市场上也乱象丛生。金融风险有的是长期潜伏的病灶，隐藏得很深，但可能爆发在一瞬之间。美国次贷危机爆发就是一夜之间的事情。如果我们将来出大问题，很可能就会在这个领域出问题，这一点要高度警惕。”①

金融风险是中国当前经济风险中最大的领域。在经济全球化的浪潮中，中国金融市场开放步伐加快，而国内各项经济政策、内部调控和风险管理程序尚未同步完善，金融监管体系相对薄弱，虽然相对安全地渡过了金融危机，并为世界经济的复苏贡献了巨大力量，但当前中国在国际货币体系中的地位、美元逼迫人民币升值、人民币对内升值对外贬值、美国监听中国网络等也折射出中国在维护自身经济利益和安全方面的短板。因此，只有积极树立经济安全意识，才能维护中国经济利益，稳步提升中国在国际社会的话语权，为国际政治秩序的重建奠定经济基础。

产业安全是国家经济安全的重要组成部分。它指的是在开放条件下，一国产业抵御外来干扰或威胁并不断获得持续发展的状态，很大程度上体现了本国产业的主导地位与竞争力，是一国产业综合素质在不同发展阶段的集中反映。国家产业安全问题主要是由外商直接投资引起的，外商利用其资本、技术、管理和营销等方面的优势，通过合资、直接收购等方式控制我国产业，甚至是某些重要产业，从而对我国国家经济安全构成威胁。在全球化遭遇“倒春寒”的时代，维护产业安全，有效防范与应对产业链供应链风险十分重要。产业链、供应链与价值链是三个相关的概念。只有供应链稳定，产业链才能安全，价值链方能高端。

---

① 中共中央党史和文献研究院．习近平关于总体国家安全观论述摘编．北京：中央文献出版社，2018：92－93．

随着“一带一路”项目的落地，我国大量企业“走出去”。如何保障海外经济利益成为一个重要问题。我国要注意提高海外安全保障能力和水平，保护我国海外金融、石油、矿产、海运等行业的商业利益安全。特别是，我国要提升确保能源安全的能力，以维系经济社会长期健康稳定发展。

另外，粮食安全至关重要，不仅是经济问题，也是政治问题。中国人必须牢牢地将饭碗端在自己手里，自己养活自己。2022年3月6日，习近平总书记看望参加全国政协十三届五次会议的农业界、社会福利和社会保障界委员，并参加联组会，听取意见和建议。他强调，种源安全关系到国家安全，必须下决心把我国种业搞上去，实现种业科技自立自强、种源自主可控。

此外，能源是工业的血液。2022年爆发的俄乌冲突，既引发了粮食安全问题，也突现了能源安全问题，值得人们深思。

五、文化安全

文化内涵广泛，但维护文化安全要抓住以下重点：

一是互联网已经成为舆论斗争的主战场。“有同志讲，互联网是我们面临的‘最大变量’，搞不好会成为我们的‘心头之患’。西方反华势力一直妄图利用互联网‘扳倒中国’，多年前有西方政要就声称‘有了互联网，对付中国就有了办法’，‘社会主义国家投入西方怀抱，将从互联网开始’。从美国的‘棱镜’、‘X一关键得分’等监控计划看，他们的互联网活动能量和规模远远超出了世人想象。在互联网这个战场上，我们能否顶得住、打得赢，直接关系我国意识形态安全和政权安全。”[①] 根据中国互联网络信

① 中共中央党史和文献研究院．习近平关于总体国家安全观论述摘编．北京：中央文献出版社，2018：103.

息中心（CNNIC）发布的第49次《中国互联网络发展状况统计报告》，截至2021年12月，我国网民规模达10.32亿，互联网普及率达73.0%。网民使用手机上网的比率高达99.7%。很多人特别是年轻人基本不看主流媒体，大部分信息都是从网上获取，这样的新变化使得互联网成为舆论的主要传播地和斗争地。

二是文化软实力亟待加强。文化软实力是国家实力的重要体现，也是国家文化安全的重要组成部分。一个文化软实力不强的国家，一个文化领域被别国文化占领的国家，始终都会处于文化威胁之中。2014年2月24日，习近平总书记在主持十八届中央政治局第十三次集体学习时强调："核心价值观是文化软实力的灵魂"，"历史和现实都表明，构建具有强大感召力的核心价值观，关系社会和谐稳定，关系国家长治久安"①。

三是文化道德建设亟待加强。2014年10月15日，习近平总书记在文艺工作座谈会上强调："改革开放以来，我国经济发展很快，人民生活水平提高也很快。同时，我国社会正处在思想大活跃、观念大碰撞、文化大交融的时代，出现了不少问题。其中比较突出的一个问题就是一些人价值观缺失，观念没有善恶，行为没有底线，什么违反党纪国法的事情都敢干，什么缺德的勾当都敢做，没有国家观念、集体观念、家庭观念，不讲对错，不问是非，不知美丑，不辨香臭，浑浑噩噩，穷奢极欲。现在社会上出现的种种问题病根都在这里。"② 在文艺创作方面，也存在着有数量缺质量、有"高原"缺"高峰"的现象，存在着抄袭模仿、千篇一律的问

---

① 习近平．习近平谈治国理政．北京：外文出版社，2014：163.

② 中共中央党史和文献研究院．习近平关于总体国家安全观论述摘编．北京：中央文献出版社，2018：113.

题，存在着机械化生产、快餐式消费的问题。在一些作品中，有的调侃崇高、扭曲经典、颠覆历史，丑化人民群众和英雄人物；有的是非不分、善恶不辨、以丑为美，过度渲染社会阴暗面；有的搜奇猎艳、一味媚俗、低级趣味，把作品当作追逐利益的"摇钱树"，当作感官刺激的"摇头丸"；有的胡编乱写、粗制滥造、牵强附会，制造了一些文化"垃圾"；有的追求奢华、过度包装、炫富摆阔，形式大于内容；还有的热衷于所谓"为艺术而艺术"，只写一己悲欢、杯水风波，脱离大众、脱离现实。

习近平强调坚持正确的舆论导向，增强中国在国际社会的传播话语权。同时，他还特别注重新媒体生态下文化安全领域出现的新问题。他说："随着新媒体快速发展，国际国内、线上线下、虚拟现实、体制外体制内等界限愈益模糊，构成了越来越复杂的大舆论场，更具有自发性、突发性、公开性、多元性、冲突性、匿名性、无界性、难控性等特点。……要主动借助新媒体传播优势，完善运用体制机制，打通并用好同群众信息交流的新渠道。"① 为了维护文化安全，我们要学会善待媒体、善管媒体、善用媒体，对内树立文化自信，对外讲好中国自己的故事。

六、社会安全

2012 年 12 月 15 日，习近平指出："我国进入了社会矛盾多发期，各种人民内部矛盾和社会矛盾较多，而我们的社会管理工作在很多方面还跟不上。各级党委和政府要深入研究人口大规模流动、利益多样化、社会信息化、思想文化多元化形势下的社会管理规律，拓宽思路，完善体制机

① 中共中央党史和文献研究院. 习近平关于总体国家安全观论述摘编. 北京：中央文献出版社，2018：121－122.

制，注重源头治理，加强思想政治工作，依靠社会力量，坚持依法办事和依法维权相结合，不断提高社会管理科学化水平，促进社会和谐稳定。”①社会发展的稳定、人民生活生产秩序的有序是一个国家稳定的基石。社会安全即公共安全，一头连着国家安全，一头连着百姓福祉。保障社会安全是政府和百姓迫切关注的问题，可谓是国家安全的重中之重。

目前，我国的公共安全形势仍然严峻。人口的流动性、思想的多元化、社会的信息化，加上利益格局的调整和思想观念的碰撞，使得维护社会安全面临巨大的挑战。重特大公共安全事件接连发生，安全隐患、安全短板、安全盲点依然比较突出。非法集资、信息泄露、网络诈骗等案件十分猖獗，违法犯罪手段日趋信息化、动态化、智能化，以报复社会、制造影响为目的的个人极端暴力案件时有发生，严重暴力犯罪屡打不绝。

不仅如此，农村社会矛盾和农村人口城镇化是比较突出的社会矛盾。近三亿农民工和其他人员在城镇常住，但他们还处于半市民化状态，处于极不稳定的状态，存在严重的社会矛盾和风险。另外，随着经济发展，收入不平等不均衡的问题日益成为社会矛盾的导火索和风险源。食品、药品、教育、医疗等各个方面存在的问题正日益凸显并成为重要的社会矛盾聚集地。更为重要的是，社会心理安全问题严重，道德滑坡和信仰危机频现，影响着公众的幸福感和满意感。

党的十九大报告提出，要“打造共建共治共享的社会治理格局。加强社会治理制度建设，完善党委领导、政府负责、社会协同、公众参与、法治保障的社会治理体制，提高社会治理社会化、法治化、智能化、专业化

---

① 中共中央党史和文献研究院．习近平关于总体国家安全观论述摘编．北京：中央文献出版社，2018：130－131．

水平。加强预防和化解社会矛盾机制建设，正确处理人民内部矛盾。树立安全发展理念，弘扬生命至上、安全第一的思想，健全公共安全体系，完善安全生产责任制，坚决遏制重特大安全事故，提升防灾减灾救灾能力。加快社会治安防控体系建设，依法打击和惩治黄赌毒黑拐骗等违法犯罪活动，保护人民人身权、财产权、人格权。加强社会心理服务体系建设，培育自尊自信、理性平和、积极向上的社会心态。加强社区治理体系建设，推动社会治理重心向基层下移，发挥社会组织作用，实现政府治理和社会调节、居民自治良性互动”①。如何确保社会的秩序与活力，是社会治理过程中必须解决的一个难题。

七、科技安全

科学技术是经济社会发展的重要动力，也是人类社会不断发展进步的主要标志。从印刷术到指南针，从蒸汽机到大型机械，从信息通信技术到5G网络，科技对人类社会的发展进步具有重大影响。若一国科技创新水平受限，则其综合国力与国家安全势必受到影响。所以，2014年6月23日，习近平做出批示：“在新一轮科技革命和产业变革大势中，科技创新作为提高社会生产力、提升国际竞争力、增强综合国力、保障国家安全的战略支撑，必须摆在国家发展全局的核心位置。”②

高科技具有人才密集、知识密集、技术密集、资金密集、风险密集、信息密集、产业密集、竞争性和渗透性强的特点，以上特点就决定了其具

---

① 习近平. 决胜全面建成小康社会 夺取新时代中国特色社会主义伟大胜利：在中国共产党第十九次全国代表大会上的报告. 北京：人民出版社，2017：49.

② 中共中央党史和文献研究院. 习近平关于总体国家安全观论述摘编. 北京：中央文献出版社，2018：158.

有风险性和安全隐患。故而，在获得先进科学技术的同时，如何保障科技成果免受破坏，使科技发展稳步提高，实现科技安全，成为国家安全的重要组成部分。从广义来讲，科技安全是在一定的社会环境下对科技系统和相关系统相互作用所决定的国家安全态势的一种动态描述①。而从狭义来看，科技安全则表示国家科学技术发展的一种安全态势，国家采用外交、科技、经济等手段通过内外部系统使其功能得到优化，保证系统不招致来自内外部的威胁，从而维护国家利益。

在世界科技之林，中国的地位与发达国家相比较为落后。具体体现在科技竞争力不足，尤其体现在创新力弱化，在许多重大科技项目上，我们不能够独立自主地开展研究，受制于人，从而对科技安全产生了威胁。在科技安全方面，习近平非常强调自主创新，特别是在关键核心技术问题上。2013 年 3 月 4 日，他在参加全国政协十二届一次会议科协、科技界委员联组讨论时说："过去三十多年，我国发展主要靠引进上次工业革命的成果，基本是利用国外技术，早期是二手技术，后期是同步技术。如果现在仍采用这种思路，不仅差距会越拉越大，还将被长期锁定在产业分工格局的低端。在日趋激烈的全球综合国力竞争中，我们没有更多选择，非走自主创新道路不可。"② 他清醒地认识到，高技术是国之利器，"真正的核心技术是买不来的"③。他语重心长地说："只有把核心技术掌握在自己手中，才能真正掌握竞争和发展的主动权，才能从根本上保障国家经济安全、国防安全和其他安全。不能总是用别人的昨天来装扮自

---

① 徐泽平．国家安全理论研究．贵阳：贵州大学出版社，2009：241．

② 中共中央党史和文献研究院．习近平关于总体国家安全观论述摘编．北京：中央文献出版社，2018：154．

③ 同②155．

已的明天。不能总是指望依赖他人的科技成果来提高自己的科技水平，更不能做其他国家的技术附庸，永远跟在别人的后面亦步亦趋。”[①] 为了有效维护科技安全，我国必须从跟踪创新、模仿创新的模式中走出来，瞄准高技术领域的原发性创新，采取非对称赶超战略，争取实现从先进技术的“跟跑者”“同跑者”向“领跑者”转变，争取实现变道超车、弯道超车。

八、信息安全

信息作为最主要的社会资源，其重要性不言而喻。随着20世纪末以来信息技术的普及和信息网络化的发展，网络信息系统已成为一个国家、一个行业、一个集团寻求发展的基础设施，人们逐渐倾向于强调信息共享，而不是保密，强调不能被动地保护。从当前的形势来看，信息经济、网络经济以排山倒海之势席卷全球，各国都在攫取或抢占、垄断具有竞争优势的信息和知识资源。在信息化进程中，国家的经济安全越来越依赖于信息化基础设施的安全程度，但由于我国信息技术相对于西方发达国家来说还比较落后，很多网络技术、信息技术都借助于国外的先进技术，一旦重要技术被其他国家所掌握，国家经济信息就有可能被盗取、破坏，存在很大的潜在威胁，给我国国家经济安全造成了不稳定性。

网络安全与信息安全是一体之两面。计算机网络已经成为国家日趋重要的关键基础设施，而黑客对于网络的攻击也使得信息安全成为巨大隐

① 中共中央文献研究室. 十八大以来重要文献选编：中. 北京：中央文献出版社，2016：22.

患，给国家安全造成巨大威胁。例如，2017 年 5 月 12 日爆发的勒索病毒导致多国的银行、加油站、医院等重要部门受到攻击，损失惨重。不仅如此，网络恐怖主义的风险加大。恐怖分子和恐怖组织利用互联网传播极端思想，进行招募、动员、融资等违法犯罪活动。

在信息安全问题频现的状况之下，我国需要进一步遏制信息系统领域的攻击，不断提高信息系统的抵御和防范能力，维持国家信息系统的正常运行，保证国家重要信息流动的保密性。更为重要的是，某些西方国家将互联网发展视为颠覆中国政权的“机遇”，通过互联网大肆传播西方的价值观念和意识形态。过不了互联网这一关，就不能实现党的长期执政。

2014 年 2 月 27 日，习近平在中央网络安全和信息化领导小组第一次会议上发表讲话，提出“没有网络安全就没有国家安全，没有信息化就没有现代化”[①] 的论断。2016 年 4 月 19 日，习近平在网络安全和信息化工作座谈会上提出了网络安全观：“一是网络安全是整体的而不是割裂的”；“二是网络安全是动态的而不是静态的”；“三是网络安全是开放的而不是封闭的”；“四是网络安全是相对的而不是绝对的”；“五是网络安全是共同的而不是孤立的”[②]。习近平一方面提出了尊重网络主权的理念，另一方面又强调建立多边、民主、透明的全球互联网治理体系。

在互联网快速发展的背景下，为了确保信息安全，我国必须尽快掌握核心技术。同时，还要加强对互联网的管理，因为互联网不是域外之地、法外之地。

---

① 中共中央党史和文献研究院．习近平关于总体国家安全观论述摘编．北京：中央文献出版社，2018：166.

② 习近平．在网络安全和信息化工作座谈会上的讲话．北京：人民出版社，2016：16.

九、生态安全

习近平说："建设生态文明，关系人民福祉，关乎民族未来。党的十八大把生态文明建设纳入中国特色社会主义事业五位一体总体布局，明确提出大力推进生态文明建设，努力建设美丽中国，实现中华民族永续发展。这标志着我们对中国特色社会主义规律认识的进一步深化，表明了我们加强生态文明建设的坚定意志和坚强决心。"[①] 近年来，我国重大生态环境问题频现：黄河断流、洪涝灾害、沙尘暴、雾霾等无不向我们昭示生态问题的日趋严重和生态安全令人担忧的状况。事实上，21 世纪最重要的社会议题之一便是生态环境问题，人类社会安定与否很大程度上取决于人与自然的和谐关系。

生态安全不受地理边界的限制，一国、一地区难以单独治理；其需要人类生活共同体相互协调，提前监控预防和共同营造[②]。此外，应对生态安全问题需要非传统的手段，不能仅凭军事手段达到目的，需要政府、企业、社会组织和公民个人通力协作、共同治理。

我国经过多年经济上的快速发展，环境问题进入了高强度频发阶段，尤其是北方重雾霾天气、一些地区饮水安全和水质污染、土壤重金属含量过高、海洋资源破坏和污染问题等。习近平说："生态环境没有替代品，用之不觉，失之难存。……环境就是民生，青山就是美丽，蓝天也是幸福，绿水青山就是金山银山；保护环境就是保护生产力，改善环境就是发

---

① 中共中央党史和文献研究院. 习近平关于总体国家安全观论述摘编. 北京：中央文献出版社，2018：180.

② 刘慧. 中国国家安全研究报告（2014）. 北京：社会科学文献出版社，2014：109.

展生产力。”[①] 不保护生态环境，我们就可能遭受大自然更加疯狂的报复，频发的重大自然灾害就可能抵消经济社会发展的成果。此外，习近平还敏锐地觉察到：“人民群众对环境问题高度关注，可以说生态环境在群众生活幸福指数中的地位必然会不断凸显。随着经济社会发展和人民生活水平不断提高，环境问题往往最容易引起群众不满，弄得不好也往往最容易引发群体性事件。”[②] 减碳与增绿是实现碳达峰、碳中和目标的两个重要手段。维护生态环境安全，我国须对山水林田湖草沙综合治理，大力开展国土绿化行动，不断提升森林草原火灾扑救能力和生态灾难风险防范应对能力。

十、资源安全

资源安全指经济全球化时代一国保持其经济存在和发展所需资源，特别是关键性、战略性资源有效供给的状态和能力。战略性资源指在当前国民经济生活中具有举足轻重作用的、对未来经济发展目标的实现具有重要影响的资源。当今世界战略性经济资源首先是土地、粮食、石油和水资源，而从目前的历史阶段和世界现状看，资源安全当中最突出的问题是石油安全和粮食安全。

目前，我国资源约束对社会经济的影响日益严重。我国水安全已全面亮起红灯，高分贝的警讯已经发出，部分区域已出现水危机。河川之危、水源之危是生存环境之危、民族存续之危。水已经成为我国严重短缺的产

① 中共中央党史和文献研究院．习近平关于总体国家安全观论述摘编．北京：中央文献出版社，2018：187.

② 同①182.

品，成为制约环境质量的主要因素，水安全成为经济社会发展面临的严重安全问题。

习近平对资源安全高度重视，因为资源往往会成为制约国家安全的软肋。2013 年 12 月 23 日，他在中央农村工作会议上说："看看世界上真正强大的国家、没有软肋的国家，都有能力解决自己的吃饭问题。……粮食问题不能只从经济上看，必须从政治上看，保障国家粮食安全是实现经济发展、社会稳定、国家安全的重要基础。"① 2014 年 6 月 13 日，他在中央财经领导小组第六次会议上说："能源安全是关系国家经济社会发展的全局性、战略性问题，对国家繁荣发展、人民生活改善、社会长治久安至关重要。"②

目前，我国正处于新型工业化、城镇化发展阶段，资源用量十分庞大且在较长时间内仍会继续增加，对外依存度也显著增高，故而资源安全已经成为不容忽视的关键战略性问题。

十一、核安全

自 20 世纪核能开发利用以来，核能作为一种相对安全、清洁、高效的能源给人类带来了发展的新动力，但同时也伴随着核安全风险。这些安全风险可能来自：（1）自然灾害，如 2011 年日本大地震引发海啸及福岛第一核电站事故；（2）事故灾难，如 1979 年美国三里岛核事故和 1986 年苏联切尔诺贝利核事故；（3）人为袭击，如核恐怖主义袭击。这些都警示人们，核安全在国家安全体系中占据非常重要的地位。习近平指出："和平利用核能事业，如同普罗米修斯带到人间的火种，为人类发展点燃了希

① 中共中央文献研究室．十八大以来重要文献选编：上．北京：中央文献出版社，2014：661.
② 习近平．习近平谈治国理政．北京：外文出版社，2014：130.

望之火”；“光明前进一分，黑暗便后退一分。我们在核安全领域多作一份努力，恐怖主义就少一次可乘之机”①。有着几千年历史、创造了如此光辉灿烂文明的人类，应该有足够的智慧，让核能更好地为人类发展所用，而不是相反。但是，国际上的核安全仍旧有许多不确定因素，如伊核问题、朝核问题等。

2014 年 3 月 24 日，习近平在荷兰海牙核安全峰会上提出了核安全观："发展和安全并重，以确保安全为前提发展核能事业"；"权利和义务并重，以尊重各国权益为基础推进国际核安全进程"；"自主和协作并重，以互利共赢为途径寻求普遍核安全"；"治标和治本并重，以消除根源为目标全面推进核安全努力"②。

十二、生物安全

自新冠肺炎疫情暴发以来，习近平总书记反复强调，生物安全是国家安全的重要组成部分。2020 年 2 月 14 日，在中央全面深化改革委员会第十二次会议上，他指出，要从保护人民健康、保障国家安全、维护国家长治久安的高度，把生物安全纳入国家安全体系。2020 年 3 月 2 日，在北京考察新冠肺炎防控科研攻关工作时，他又强调，重大传染病和生物安全风险是事关国家安全和发展、事关社会大局稳定的重大风险挑战，要把生物安全作为国家总体安全的重要组成部分。中国抗击新冠肺炎疫情的实践表明，生物安全治理要贯彻总体国家安全观。

习近平总书记指出：“当前我国国家安全内涵和外延比历史上任何时

① 习近平．习近平谈治国理政．北京：外文出版社，2014：254，256.

② 同①254，255.

候都要丰富，时空领域比历史上任何时候都要宽广，内外因素比历史上任何时候都要复杂。”[①] 这是党中央对新时代国家安全形势的科学研判。在中华民族实现伟大复兴的进程中，各种风险交织、叠加、互动，形成风险综合体，即系统性风险。防范化解重大风险，必须聚焦、锚定可能影响中华民族伟大复兴的系统性风险。基于此，习近平总书记创造性地提出了总体国家安全观。深刻认识总体国家安全观，必须准确理解国家安全的总体性，即系统性和整体性。

在中央国家安全委员会第一次会议上，习近平总书记强调，构建集政治安全、国土安全、军事安全、经济安全、文化安全、社会安全、科技安全、信息安全、生态安全、资源安全、核安全等于一体的国家安全体系。有人据此认为，国家安全包括 11 个领域；还有人认为，国家安全还包括国民安全，共 12 个领域。这些观点是片面、机械的，国家安全的重点领域是随着维护国家安全的任务环境的变化而不断进行动态调整的。新冠肺炎疫情的发生给人民群众的生命和身体健康造成严重的危害，扰动了经济社会秩序的正常运行，国内国际、网上网下、疫情舆情相互交织，不仅挑战了公共安全，也挑战了国家安全。因此，将生物安全纳入国家总体安全的范畴迫在眉睫。

在人类发展的历史长河中，将病毒作为战争武器、从而改写历史的例子不胜枚举，如欧洲殖民者以天花病毒大肆屠戮印第安人。因传染病防控不力而导致政权败亡的悲剧也比比皆是，如明朝北京城发生的鼠疫令崇祯皇帝无可御敌之兵，使铜帮铁底的明王朝陷落于义军之手。相对于核武

① 习近平主持召开中央国家安全委员会第一次会议强调 坚持总体国家安全观 走中国特色国家安全道路. 人民日报，2014-04-16.

器，生化武器成本低廉，被称为“穷人的原子弹”。虽然生化武器的军事应用受到国际舆论和军控条约的严格限制，但是，国不可一日无防，也不可无生物之盾。

传染病疫情具有高度的不确定性，极容易导致人群的恐慌，引发社会的动荡和骚乱。这使得恐怖组织和恐怖分子借助生物病毒，发动恐怖袭击。2001 年美国白宫发生的炭疽攻击事件就是一个“叫早电话”。

随着自然资源的过度开发、全球气候变化、滥用抗生素等因素的影响加剧，大规模传染病疫情流行和新型病毒暴发的可能性加大。有关研究担忧，随着北极融化，深埋于冻土下的古生物遗骸将会重见天光，其携带的病菌可能仍有为害世人的活力。站在维护国家安全的高度，我们必须贯彻落实总体国家安全观，统筹平时的预防与准备、疫情期间的响应与应对、战时的生物防护等多个方面，综合考虑应对重大传染病疫情、生物恐怖主义和生物战的威胁，主动塑造国家安全，及时化解国家安全风险。

构建生物安全风险防控和治理体系，提升生物安全治理能力，必须贯彻落实总体国家安全观。这是我们从抗击新冠肺炎疫情中总结出来的经验。换言之，抗击新冠肺炎疫情是贯彻落实总体国家安全观的生动实践。具体而言，总体国家安全观强调五个方面统筹：

一是既重视国土安全，又重视国民安全。在新冠肺炎疫情防控中，党和政府将人民群众的生命和身体健康放在第一位，并积极构筑应对疫情的人民防线，体现了为了人民、又依靠人民的理念。在全球化时代，国民的活动超越了国土范围。疫情发生后，中国政府派包机接回滞留泰国、马来西亚等国的武汉民众，彰显了大国风范。

二是既重视传统安全，又重视非传统安全。新冠肺炎疫情是公共卫生事件，属于非传统安全问题，但有可能转化为传统安全问题，特别是政治安全问题。疫情发生后，我国政府积极开展公共外交，对外宣传中国的防疫政策，赢得了国际社会的支持与赞誉，切断了非传统安全风险向传统安全领域传播的链条。同时，解放军派出医疗队，在疫情防控中扮演了突击队的角色。人民空军出动包括运-20在内的多个现役机型进行快速投送，检验了部队平时应急、战时应战的水平，传统安全与非传统安全维护能力共同得到提升。

三是既重视发展问题，又重视安全问题。我国一手抓疫情防控，一手抓复产复工，实现了“两手都要硬，两战都要赢”的目标，是兼顾发展与安全的典型案例。此次疫情突如其来，暴露了我国经济社会发展中存在的一些问题和公共卫生应急体系的诸多短板。2020年2月3日，习近平总书记在中央政治局常委会研究新冠肺炎疫情应对时指出：“我们早就认识到，食用野生动物风险很大，但‘野味产业’依然规模庞大，对公共卫生安全构成了重大隐患。再也不能无动于衷了！我已经就这个问题作出了批示。有关部门要加强法律实施，加强市场监管，坚决取缔和严厉打击非法野生动物市场和贸易，坚决革除滥食野生动物的陋习，从源头上控制重大公共卫生风险。要加强法治建设，认真评估传染病防治法、野生动物保护法等法律法规的修改完善，还要抓紧出台生物安全法等法律。”[①] 他还强调，科研和救治防控结合，加强疫病防控和公共卫生科研攻关体系和能力建设[②]。

---

① 习近平. 在中央政治局常委会会议研究应对新型冠状病毒肺炎疫情工作时的讲话. 求是，2020 (4).

② 中共中央宣传部，中华人民共和国外交部. 习近平外交思想学习纲要. 北京：人民出版社，学习出版社，2021：73.

从短期来看，这有利于我们在疫情防控阻击战中决战决胜，进一步降低病死率、提高出院率。从长期来看，这有助于我国加强生物安全的基础研究，建立科学有效的科研评价机制，鼓励科研机构进行数据信息分享，激励科研人员“把论文写在祖国的大地上”。

四是既重视自身安全，又重视共同安全。此次疫情真正体现了世界是一个因病而联的命运共同体。中国政府做好自身的防疫工作，向世界卫生组织通报信息，与各国共享信息，给世界其他国家做好防疫准备赢得了时间、积累了经验，体现了对本国人民负责和对世界其他国家人民尽责的天下担当，为维护地区和全球公共卫生安全做出了巨大的贡献。疫情发生后，国际社会纷纷伸出援手，支援中国抗疫。当其他国家受到疫情威胁时，我国也投桃报李，提供大力支持。例如，中国不仅向伊朗捐赠了物资，还派出红十字会的志愿专家，传授中国经验。

五是既重视外部安全，又重视内部安全。在疫情暴发的初期，中国政府采取最严格的措施，防止疫情从湖北向全国、从中国向别国扩散蔓延。当中国的疫情防控出现稳中向好的态势时，韩国、日本、伊朗、意大利等国的疫情严重，我国政府积极推动国际移民管理合作机制的构建，在内防反弹的同时，外防倒灌，统筹好国际国内两个防疫大局。

国家安全是一个动态、开放的概念。除了以上 12 种安全之外，太空、深海、极地等方面的安全也非常重要，在国家安全议程中占有重要的位置。2017 年 2 月 17 日，习近平在国家安全工作座谈会上强调，要突出抓好政治安全、经济安全、国土安全、社会安全、网络安全等各方面的安全工作。这五大安全是我国国家安全的重中之重。2018 年 4 月 16 日，在十九届中央国家安全委员会第一次会议上，习近平明确提出，维护国家安全要“聚焦重点，抓纲带目”。所以，把握总体国家安全观要处理好整体与局部的关系，以系统思维观照具体领域的国家安全问题。同时，也要以动态、发展的眼光看待国家安全的内涵与外延，并抓住不同时期国家安全的重点。2020 年 12 月 11 日，在主持十九届中央政治局第二十六次集体学习时，习近平强调：“坚持统筹推进各领域安全，统筹应对传统安全和非传统安全，发挥国家安全工作协调机制作用，用好国家安全政策工具箱。”① 贯彻落实总体国家安全观要整体谋划、协同推进，而不是单兵突进、各自为政。

新的威胁与挑战的“清单”未有尽头。无论国家安全主要领域如何变化，我们都需要牢记：新时代国家安全是总体国家安全，具有鲜明的系统性、整体性。不谋全局者，不足以谋一域。我们在维护某一领域国家安全时，切莫顾此失彼、挂一漏万。

第三节

着力提升维护重点领域国家安全能力

国家安全是一个动态概念，国家安全领域是一个开放领域。但是，提升国家安全现代化能力必须抓住“牛鼻子”：一是提升维护国家政治安全

① 习近平主持中央政治局第二十六次集体学习并讲话.（2020－12－12）. http://www.gov.cn/xinwen/2020－12/12/content_5569074.htm.

能力，因为政治安全是国家安全的根本；二是提升确保国家经济安全能力，因为经济安全是国家安全的基础；三是提升保障人民生命安全能力，因为国家安全以人民安全为宗旨；四是提升维护社会稳定和安全能力，因为社会安全是国家安全的保障。

一、提升维护国家政治安全能力

政治安全是国家安全的根本。践行总体国家安全观，正如十九届五中全会《中共中央关于制定国民经济和社会发展第十四个五年规划和二〇三五年远景目标的建议》所说，要“坚定维护国家政权安全、制度安全、意识形态安全，全面加强网络安全保障体系和能力建设。严密防范和严厉打击敌对势力渗透、破坏、颠覆、分裂活动”①。其中，防范“颜色革命”是维护政治安全的首要任务。

习近平总书记指出，贯彻落实总体国家安全观，要“坚持把政治安全放在首要位置，维护政权安全和制度安全，更加积极主动做好各方面工作”②。政治安全与意识形态安全、网络安全相交叉，主要包括制度安全和政权安全两个方面。“颜色革命”不是任何意义上的革命。它是以美国为首的西方发达国家借助NGO，通过渗透、破坏、颠覆、分裂等手段，挑战他国意识形态安全、网络安全，颠覆别国政权和制度，从而实现“不战而胜”。捍卫政治安全，维护国家制度安全、政权安全，必须增强防腐拒变的能力。

2021年11月18日，中央政治局召开会议，在审议《国家安全战略

---

① 中共中央关于制定国民经济和社会发展第十四个五年规划和二〇三五年远景目标的建议.(2020-11-03). http://www.gov.cn/zhengce/2020-11/03/content_5556991.htm.

② 习近平主持中央政治局第二十六次集体学习并讲话.(2020-12-12). http://www.gov.cn/xinwen/2020-12/12/content_5569074.htm.

(2021—2025年)》时强调:“要坚定维护国家政权安全、制度安全、意识形态安全,严密防范和坚决打击各种渗透颠覆破坏活动”[①]。在资本全球扩张的进程中,以美国为首的西方国家从来没有停止过对外输出民主。近30年来,它们出于战略利益的需要,先后制造成功了四场大规模“颜色革命”,即20世纪80年代末90年代初的苏东剧变、20世纪末的南联盟“推土机革命”、21世纪初的中亚“花朵革命”以及21世纪第二个十年之初的西亚北非“阿拉伯之春”,导致了目标国的政权更迭,甚至是政治制度的变化。迈向新征程,我们必须看到,“颜色革命”对我国政权安全、制度安全、意识形态安全都构成严重的威胁和挑战。

在每一场“颜色革命”中,西方国家都毫无例外地通过NGO输出民主,促使目标国的政治生态发生变化,进而激发声势浩大的社会运动,直至引发政权颠覆。从表面上看,“颜色革命”缺少暴力革命的色彩,主要表现为公众基于自愿并以和平方式展开。但是,实际上,“颜色革命”是由西方国家通过NGO发动的、旨在威胁目标国国家政治安全的隐蔽战争。党的十九大报告指出:“要完善国家安全战略和国家安全政策,坚决维护国家政治安全,……严密防范和坚决打击各种渗透颠覆破坏活动。”[②] 在迈向社会主义现代化强国的新征程上,为了确保国家政治安全,我们必须研究西方国家通过NGO推行“颜色革命”的手法,对境外NGO进行有效的管理,同时努力提高社会公众的生活水平,增强公众对制度与政权的满意

① 中共中央政治局召开会议 审议《国家安全战略(2021—2025年)》《军队功勋荣誉表彰条例》和《国家科技咨询委员会2021年咨询报告》 中共中央总书记习近平主持会议.(2021-11-18). http://www.xinhuanet.com/politics/leaders/2021-11/18/c_1128077610.htm.

② 习近平. 决胜全面建成小康社会 夺取新时代中国特色社会主义伟大胜利:在中国共产党第十九次全国代表大会上的报告. 北京:人民出版社,2017:49.

度，提高应对“颜色革命”的免疫力。

近年来，香港特别行政区发生的“占中”运动和“修例”风波，都有西方敌对势力背后插手的影子。它们试图以香港为桥头堡，把“颜色革命”的种子播撒到整个中国，影响中国政权安全、制度安全，进而达到遏制中国和平发展的目的。对此，我们必须从总体国家安全观的视角出发，保持高度的警惕并予以有效的反制。

第一，加强理想信念教育。习近平说：“事实一再表明，理想信念动摇是最危险的动摇，理想信念滑坡是最危险的滑坡。我一直在想，如果哪天在我们眼前发生‘颜色革命’那样的复杂局面，我们的干部是不是都能毅然决然站出来捍卫党的领导、捍卫社会主义制度？我相信，绝大多数党员、干部是能够做到的。”① 防范西方“颜色革命”，要站在维护政治安全的高度，增强党员、干部的理论自信、道路自信和政治自信，牢牢把握意识形态的主动权。特别是要加强党史、国史教育，以维护意识形态安全。习近平总书记指出：“苏联为什么解体？苏共为什么垮台？一个重要原因就是意识形态领域的斗争十分激烈，全面否定苏联历史、苏共历史，否定列宁，否定斯大林，搞历史虚无主义，思想搞乱了，各级党组织几乎没任何作用了，军队都不在党的领导之下了。最后，苏联共产党偌大一个党就作鸟兽散了，苏联偌大一个社会主义国家就分崩离析了。这是前车之鉴啊！”② 他还说：“我们常说，基础不牢，地动山摇。信念不牢也是要地动山摇的。苏联解体、苏共垮台、东欧剧变不就是这个逻辑

① 中共中央文献研究室．十八大以来重要文献选编：上．北京：中央文献出版社，2014：339－340.

② 习近平．论中国共产党历史．北京：中央文献出版社，2021：5.

吗？苏共拥有二十万党员时夺取了政权，拥有二百万党员时打败了希特勒，而拥有近二千万党员时却失去了政权。我说过，在那场动荡中，竟无一人是男儿，没什么人出来抗争。什么原因？就是理想信念已经荡然无存了。”①

第二，坚持中国共产党的集中统一领导。“我国社会主义政治制度优越性的一个突出特点是党总揽全局、协调各方的领导核心作用，形象地说是‘众星捧月’，这个‘月’就是中国共产党。在国家治理体系的大棋局中，党中央是坐镇中军帐的‘帅’，车马炮各展其长，一盘棋大局分明。如果中国出现了各自为政、一盘散沙的局面，不仅我们确定的目标不能实现，而且必定会产生灾难性后果。”② 只有坚持中国共产党长期执政，才能实现国家长治久安与人民安居乐业，抵御“颜色革命”的侵蚀。

第三，重视互联网舆论工作。2013 年 8 月 19 日，在全国宣传思想工作会议上，习近平说：“互联网已经成为舆论斗争的主战场。有同志讲，互联网是我们面临的‘最大变量’，搞不好会成为我们的‘心头之患’。西方反华势力一直妄图利用互联网‘扳倒中国’，多年前有西方政要就声称‘有了互联网，对付中国就有了办法’，‘社会主义国家投入西方怀抱，将从互联网开始’。……在互联网这个战场上，我们能否顶得住、打得赢，直接关系我国意识形态安全和政权安全。”③ 为了有效防范“颜色革命”，我们必须对互联网舆情进行监控、引导，防止境外敌对势力利用互联网诋毁中国共产党的领导和社会主义制度以及利用互联网动员、制造社会

---

① 中共中央党史和文献研究院. 习近平关于防范风险挑战、应对突发事件论述摘编. 北京：中央文献出版社，2020：130.

② 中共中央党史和文献研究院. 习近平关于总体国家安全观论述摘编. 北京：中央文献出版社，2018：31.

③ 同②103.

骚乱。

第四，重视引导教育青年。1989 年 10 月，习近平在福建工作期间就曾指出："在改革、开放过程中，有大量的外国东西涌入，其中有不少腐朽、没落的东西，首当其冲、最易受影响的是青年。我们说要防止帝国主义的和平演变，这决不是喊几声'狼来了'，而是'狼'确确实实已经来了。社会主义阵地，我们一寸也不能丢。共青团要做到寸土不让。青年人往哪里去，有一个方向问题，共青团必须引导好。"①

第五，加强社会组织中党的领导。社会组织面大量广，加强社会组织党的建设十分重要。党的十八大以来，我国一方面加强对境外非政府组织的管理，颁布了《境外非政府组织境内活动管理法》；另一方面加强国内社会组织中的党的建设。这竖起了一道抑制境外势力渗透的"防火墙"。

总之，"敌对势力在我国策划'颜色革命'的战略图谋是长期的。要时刻保持头脑清醒，不能放松警惕，坚决防范和抵御'颜色革命'，坚决遏制西方敌对势力渗透颠覆破坏活动"②。"颜色革命"威胁中国的政治安全，特别是制度安全与政权安全，直接关系到党和国家生死存亡。在总体国家安全观下，政治安全是根本，即政治安全是国家安全的根本政治保障。安全无小事，事事连政治。今天，影响政治安全的因素错综复杂。但是，只要我们坚持中国共产党领导和社会主义制度，西方"颜色革命"的图谋就难以得逞。

---

① 习近平．摆脱贫困．福州：福建人民出版社，2014：110.

② 中共中央宣传部．习近平新时代中国特色社会主义思想三十讲．北京：学习出版社，2018：257－258.

二、提升确保国家经济安全能力

中共十九届五中全会指出："确保国家经济安全。加强经济安全风险预警、防控机制和能力建设，实现重要产业、基础设施、战略资源、重大科技等关键领域安全可控。实施产业竞争力调查和评价工程，增强产业体系抗冲击能力。确保粮食安全，保障能源和战略性矿产资源安全。维护水利、电力、供水、油气、交通、通信、网络、金融等重要基础设施安全，提高水资源集约安全利用水平。维护金融安全，守住不发生系统性风险底线。确保生态安全，加强核安全监管，维护新型领域安全。构建海外利益保护和风险预警防范体系。"① 维护国家经济安全，就是要实现经济高质量发展与高水平安全的良性互动。

2021 年 11 月 18 日，中央政治局召开会议，在审议《国家安全战略（2021—2025 年）》时强调："要增强产业韧性和抗冲击能力，筑牢防范系统性金融风险安全底线，确保粮食安全、能源矿产安全、重要基础设施安全，加强海外利益安全保护。"② 党的二十大报告再一次强调："加强重点领域安全能力建设，确保粮食、能源资源、重要产业链供应链安全，加强海外安全保障能力建设，维护我国公民、法人在海外合法权益，维护海洋权益，坚定捍卫国家主权、安全、发展利益。"③

---

① 中共中央关于制定国民经济和社会发展第十四个五年规划和二〇三五年远景目标的建议.（2020-11-03）. http://www.gov.cn/zhengce/2020-11/03/content_5556991.htm.

② 中共中央政治局召开会议 审议《国家安全战略（2021—2025 年）》《军队功勋荣誉表彰条例》和《国家科技咨询委员会 2021 年咨询报告》 中共中央总书记习近平主持会议.（2021-11-18）. http://www.xinhuanet.com/politics/leaders/2021-11/18/c_1128077610.htm.

③ 习近平. 高举中国特色社会主义伟大旗帜 为全面建设社会主义现代化国家而团结奋斗：在中国共产党第二十次全国代表大会上的报告. 人民日报，2022-10-26.

有效维护国家经济安全，要统筹发展和安全的关系，推动军民深度融合，实现应急与应战一体化。以关键或曰重要基础设施为例，世界主要国家均制定了国家防护战略，但重要基础设施依旧是战略博弈的重点。2022年9月26日，俄罗斯供应欧洲的“北溪-2”和“北溪-1”天然气管道接连发生水下爆炸，引发里氏2.3级和里氏2.1级地震。10月8日，德国北部铁路网两处通信网电缆被切断，导致交通运输中断近3个小时。两天后，美国14家机场网站疑似遭国外黑客袭击而无法访问。此外，在俄乌战争中，双方以对方的桥梁、热电厂等为目标进行攻击，更加引发了人们对重要基础设施安全的担忧。

于一国之内而言，供水、供气、道路、交通、能源、通信等重要基础设施是保障经济社会正常运行的血脉；于整个世界而言，在全球互联互通的时代，重要基础设施是确保全球产业链供应链正常运转的筋络。无论是战争状态下的军事打击，还是非战争状态下自然或人为的突发事件，都有可能破坏重要基础设施服务的供给，从而产生一系列“多米诺骨牌”效应，产生严重的经济社会影响。这不仅因为社会生产生活须臾不能离开重要基础设施，而且因为重要基础设施是一个紧密耦合的复杂系统，一旦其中的任何一个部分遭受损毁，就有可能造成“蝴蝶效应”，产生影响范围更广、严重程度更高的系统性瘫痪。

人类进入工业社会后，重要基础设施便是战争防护的重中之重。1911年，法国一位军事家就提出，一旦德法进入交战状态，德国就可能袭击法国巴黎的运输网络、通信中心，使重要的公共服务陷入瘫痪状态。这是关于关键基础设施在战争中重要作用的最初论述。在一战期间，飞机的出现使得深入敌方纵深、打击其重要基础设施成为可能。在二战期间，反法西斯同盟国就对柏林的城市基础设施进行了重点打击，起到了“战略瘫痪”的效果。

1995 年，美国空军司令部副参谋长助理约翰·A. 沃登上校在《空中力量杂志》上发表了一篇影响巨大的论文，其核心思想是“把敌人看作一个系统”。他认为，作为一个系统的敌人，其重心可以被划分为五个同心圆：(1) 领导层；(2) 有机要素；(3) 基础设施；(4) 民众；(5) 战斗机制。其次序是从里到外，重要程度依次递减。其中，基础设施是第三等级的打击目标。

除了战争，随着各国经济社会的发展，基础设施因突发事件的影响而出现运行中断、城市陷入一团混乱的情形屡见不鲜。所以，世界大国普遍将重要基础设施安全作为一项国家战略加以高度重视，尽管各国对重要基础设施的界定有所差异。例如，早在 1996 年，美国克林顿政府就成立了“总统关键基础设施保护委员会”。由于该委员会的努力，1998 年发布的“总统决策第 63 号指令”确定了 8 个关键基础设施部门，包括电信、电力系统、天然气与石油、银行与金融、运输、供水系统、政府服务、应急服务。后来，美国政府从应战与应急的角度出发，不断完善关键基础设施防护战略，以提升其相对于战争和非战争风险的韧性。但是，对于以开放性作为服务前提的重要基础设施而言，终究难以避免百密一疏的命运。

重要基础设施的安全是经济社会发展的前提，并且地位越发重要。但是，由于信息技术的普遍应用，重要基础设施的脆弱性未降反升，因为网络攻击成本更低，也更有隐蔽性。对于这种严重的网络风险挑战，没有一个国家可以置身事外。2021 年 5 月 7 日，美国最大的天然气和柴油运输管道公司科罗奈尔公司因遭受勒索软件攻击，暂停其在东岸的关键输送业务，就是一个例子。世界大国无不从应急应战一体化的高度，重视关键基础设施。

根据《关于经济建设和国防建设融合发展的意见》，基础设施将是军民深入融合的一个重点领域：一是加强基础设施的军民共用协调性；二是在军队保障社会化的过程中将营区供（排）水、供电、供气、供热纳入城市基础设施建设和改造。但是，关键基础设施的军民深度融合不能局限于资源集约。

关键基础设施既是战时军事打击的重点，又是平时突发事件应对的难点，应该成为军民深度融合的一个重点领域。关键基础设施的军民深度融合需要以应急与应战一体化为目标，对关键基础设施在战争与非战争紧急状态的需求统筹加以考虑。

所谓的“应急与应战一体化”，是指一国政府从系统的观点出发，既考虑战时紧急状态的需求，也考虑非战时紧急状态的需求，以便在战时与非战时紧急状态下都能够迅速整合各种可动员的资源，提高国家经济与社会发展的整体抗逆水平，同时确保国家安全与公共安全。简言之，战时应战，平时应急。在关键基础设施领域，应急与应战一体化的具体措施主要包括：

第一，关键基础设施的设计、建设要同时考虑应对战时应战、平时应急的要求，在增强整体弹性和抗逆性基础上，附加抗打击能力的要求，并为平战转换预留一定的接口。例如，在重点地区，高速公路的建设需要考虑是否能够在紧急情况下改造为飞机临时跑道。同时，加强军地之间的交流与互动，提升关键基础设施的共用程度。例如，军队在确保军事安全的前提下，适当开放低空域和机场，支持地方发展民用航空。2017 年 9 月 22

日，中央军民融合发展委员会第二次会议强调，基础设施建设要贯彻国防要求。“我国拥有丰厚的基础设施资源，要最大限度挖掘利用、共建共享”。重大项目的建设要遵循“统一领导、分级管理，统筹衔接、同步建设，军民兼容、平战结合，需求明确、经济有效”的原则①。

第二，军事研发可为关键基础设施突发事件应对提供装备与技术。通常，军事产品研发要考虑极端复杂气象及地理条件下军事装备的正常运行能力，其产品性能优良、科技含量高、对外界物理条件依赖少，在突发事件处置中可发挥无与伦比的独特作用。例如，美军信息化武器装备体系的核心是 C4ISR 系统。该系统名称是指挥（command）、控制（control）、通信（communications）、计算机（computer）、情报（intelligence）、监视（surveillance）和侦察（reconnaissance）的缩写。2001 年 9 月，美国军方要求军事科学技术委员会调查军事技术在应急管理中的应用问题。该委员会发布报告称，军事技术在国土安全领域具有得天独厚的优势，军事技术向应急管理领域流动的价值极大。在自然灾害或恐怖袭击导致民用系统严重受损或崩溃时，C4ISR 系统可以大显身手：指挥、控制和计算机系统可以识别风险信息，进行数据分析，协调执法部门、医务工作者、医药检测部门；通信系统可以在现场检测者与指挥中心之间建立起可靠的联络通道，将应急反应者的情况传递给现场外的指挥部；情报、监视和侦察系统可以用立体图像的形式确定应急反应者的位置，掌握其生理状态，远距离评估放射性危害、生物危害、化学危害等。在此过程中，军事研发部门也可以检验相关产品、技术存在的问题，以便进行改进。

---

① 习近平主持召开中央军民融合发展委员会第二次全体会议．(2017－09－22)．http://www.gov.cn/xinwen/2017－09/22/content_5226942.htm.

第三，军队参与关键基础设施突发事件应急处置。根据美国学者的论述，在应急管理中，军队的主要优势表现为：一是军队的组织程度高；二是军队掌握许多灾害响应所需要的资源，如通信、交通、燃料、能源、水、帐篷、食品和医疗等；三是军队中年轻力壮的士兵被编入不同的战斗单元，且有服从命令的特点；四是美国应急管理起源于民防（civil defence)，与军队有着天然的渊源关系①。军队借助处置关键基础设施突发事件，可以磨炼队伍，提升应急机动、快速响应和远程投送能力，为应战进行贴近战场真实情景的演练。

第四，国防动员体系要发挥在关键基础设施应急管理中的作用。国防动员是指国家在由平时进入战争状态的过程中，调动一切人力、物力和财力，将国防潜力转化为国防实力，确保国家具备赢得战争能力的一系列行动。它与关键基础设施关系紧密，如油料动员离不开能源基础设施、运输动员离不开交通基础设施。当关键基础设施突发事件发生后，完备的国防动员体系可临时调集本应该服务于战争军事行动的人力、物力和财力，服务于应急管理，同时检验备战能力。

三、提升保障人民生命安全能力

坚持总体国家安全观，必须要以人民安全为宗旨，提升维护公共安全的能力。公共安全一头连着国家安全，一头连着百姓民生。公共安全危机如果具有政治指向性，就会演变为国家安全危机。十九届五中全会《建议》强调："保障人民生命安全。坚持人民至上、生命至上，把保护人民

① Michael K. Lindell, Carla S. Prater, Ronald W. Perry. Introduction to emergency management. Hoboken, N. J.: John Wiley & Sons Inc., 2007: 421.

生命安全摆在首位，全面提高公共安全保障能力。完善和落实安全生产责任制，加强安全生产监管执法，有效遏制危险化学品、矿山、建筑施工、交通等重特大安全事故。强化生物安全保护，提高食品药品等关系人民健康产品和服务的安全保障水平。提升洪涝干旱、森林草原火灾、地质灾害、地震等自然灾害防御工程标准，加快江河控制性工程建设，加快病险水库除险加固，全面推进堤防和蓄滞洪区建设。完善国家应急管理体系，加强应急物资保障体系建设，发展巨灾保险，提高防灾、减灾、抗灾、救灾能力。”[①] 党的二十大报告强调，要提高公共安全治理水平：一是坚持安全第一、预防为主，建立大安全大应急框架，完善公共安全体系，推动公共安全治理模式向事前预防转型；二是推进安全生产风险专项整治，加强重点行业、重点领域安全监管；三是提高防灾减灾救灾和重大突发公共事件处置保障能力，加强国家区域应急力量建设；四是强化食品药品安全监管，健全生物安全监管预警防控体系；五是加强个人信息保护。

应急管理是国家治理体系和治理能力的重要组成部分，承担着保障人民生命财产安全的重要使命。党的十八大以来，习近平总书记高度重视应急管理事业发展，对防灾减灾救灾、安全生产、应急救援等工作发表了重要讲话，做出了一系列重要指示、批示。例如，2013 年 6 月 6 日，他对安全生产工作做出指示，要“完善制度、强化责任、加强管理、严格监管”[②]。2016 年 7 月 28 日，在唐山抗震救灾和新唐山建设 40 年之际，习近平总书记发表讲话强调，防灾减灾救灾要“落实责任、完善体系、整合资源、统筹力

---

① 中共中央关于制定国民经济和社会发展第十四个五年规划和二〇三五年远景目标的建议. (2020-11-03). http://www.gov.cn/zhengce/2020-11/03/content_5556991.htm.

② 习近平就做好安全生产工作作出重要指示 始终把人民生命安全放在首位 切实防范重特大安全生产事故的发生. 人民日报，2013-06-08.

量”[1]。不仅如此，在2018年国务院机构改革中，我国还组建了应急管理部。2020年4月24日，《人民日报》刊发应急管理部党委书记黄明署名文章，题目是《坚决贯彻落实总体国家安全观 推进应急管理体系和能力现代化》。文章指出：“习近平总书记强调，要自觉把维护公共安全放在贯彻落实总体国家安全观中来思考，放在推进国家治理体系和治理能力现代化中来把握。在新形势下，我国公共安全面临的风险和挑战严峻复杂，传统安全和非传统安全风险高度聚集、相互交织，应急处置不当可能催生政治安全风险，影响国家安全。应急管理部门坚决贯彻落实总体国家安全观，全力防范化解重大公共安全风险，有效应对各类灾害事故，最大程度减少人民群众生命财产损失，为决胜全面建成小康社会提供安全稳定环境。”[2]

保障人民生命安全，必须健全应急管理体系。目前，我国正处于从高速度发展向高质量发展过渡的关键时期。在经济全球化的国际背景下，我国工业化、城市化、信息化迅猛发展，各种可以预见和不可以预见的风险彼此之间相互关联、耦合、互动、叠加，各类突发事件频繁发生，给社会公众的生命、健康与财产安全造成了严重的损失，也考验着党和政府的执政能力，威胁公共安全与国家安全。

第一，站在维护国家安全的高度，认识加强应急管理的重要性。党的十八大以来，党中央对国家安全工作高度重视，成立了高层次的议事协调与决策机构——中央国家安全委员会。2014年4月15日，在中央国家安全委员会第一次会议上，习近平提出并系统阐述了总体国家安全观。此

① 习近平在河北唐山市考察时强调 落实责任完善体系整合资源统筹力量 全面提高国家综合防灾减灾救灾能力. 人民日报，2016-07-29.

② 黄明. 坚决贯彻落实总体国家安全观 推进应急管理体系和能力现代化. 人民日报，2020-04-24.

后，我国又颁布了新的《国家安全法》，出台了《国家安全战略纲要》，国家安全工作焕然一新。

在传统语境下，国家安全意味着国家的对外安全，公共安全则主要指称国家的内部安全，即社会公共安全。彼时，应急管理作为确保社会公共安全的重要手段，与国家安全的分界线一清二楚。但是，在总体国家安全观视角下，国家安全要统筹应对内外威胁。换言之，公共安全是国家安全的重要组成部分。2015 年 5 月 29 日，在十八届中央政治局第二十三次集体学习时，习近平强调："各级党委和政府要充分认识维护公共安全的重要意义，牢记公共安全是最基本的民生的道理，自觉把维护公共安全放在维护最广大人民根本利益中来认识，放在贯彻落实总体国家安全观中来思考，放在推进国家治理体系和治理能力现代化中来把握，努力为人民安居乐业、社会安定有序、国家长治久安编织全方位、立体化的公共安全网。"①

2016 年 10 月 27 日，在党的十八届六中全会第二次全体会议上，习近平指出："召开党的十九大，必须有一个和谐稳定的社会环境"，各级党委和政府要"抓重点、抓关键、抓薄弱环节，有效防控各类风险，确保不发生重大安全生产事故、重大公共安全事故、重大环境事故，确保国家政治安全"②。2017 年 2 月 17 日，在国家安全工作座谈会上，习近平又特别强调："要加强交通运输、消防、危险化学品等重点领域安全生产治理，遏制重特大事故的发生。"③ 在这两个重要会议上，重大事故

---

① 中共中央党史和文献研究院. 习近平关于总体国家安全观论述摘编. 北京：中央文献出版社，2018：138.

② 中共中央文献研究室. 习近平关于社会主义社会建设论述摘编. 北京：中央文献出版社，2017：160，160－161.

③ 习近平主持召开国家安全工作座谈会强调 牢固树立认真贯彻总体国家安全观 开创新形势下国家安全工作新局面. 人民日报，2017－02－18.

的防范被纳入国家安全的议程，这是史无前例的。未来，应急管理应该站位更高，即要站在维护国家安全的高度，增强使命意识、责任意识和担当意识。

相对而言，国家安全是一个政治概念，而公共安全是一个社会概念。未来，应急管理部要以总体国家安全观为指导，从维护国家安全的立场出发，探索、把握应急管理的科学规律，把较为抽象的政治责任具象化为扎实、细致的风险防范与突发事件应对的制度、政策。

第二，坚持以人为本、安全发展，坚守红线意识。在习近平关于应急管理工作的重要论述中，以人为本是其核心理念。这与其提出的总体国家安全观以人民安全为宗旨是相辅相成的。他在浙江担任省委书记时，针对2003年大旱，曾旗帜鲜明地提出，抗旱要“目中有人”①。2005年，浙江省遭受了台风“海棠”“麦莎”“泰利”“卡努”的袭击。习近平要求要大力弘扬抗台救灾精神，特别是“以人为本、人民至上的宗旨观念”②。他还提出：“科学发展首先要安全发展，‘以人为本’首先要以人的生命为本，安全发展就是尊重生命、关爱生命。”③ 2016年1月，习近平在重庆调研时说：“安全稳定工作连着千家万户，宁可百日紧，不可一日松。”④ 同年7月28日，在唐山抗震救灾和新唐山建设40年之际，习近平在唐山考察时强调，要树立人的生命是最可宝贵的观念，并讲起东南沿海地区防范台风

---

① 习近平．之江新语．杭州：浙江人民出版社，2007：12．

② 同①155．

③ 同①227．

④ 中共中央党史和文献研究院．习近平关于总体国家安全观论述摘编．北京：中央文献出版社，2018：146．

洪涝的经验，“宁可十防九空”，也要增强生命的保险系数①。

近年来，我国重特大安全事故频繁发生，如青岛黄岛输油管线爆燃事故、“东方之星”客轮沉没、天津“8·12”危险品仓库爆炸、昆山工业园粉尘爆炸等，都造成了严重的人员伤亡与财产损失。习近平强调，坚持以人为本，保障安全发展，要树立“红线意识”，即发展决不能以牺牲人的生命为代价。

2013年6月3日，吉林省长春市宝源丰禽业有限公司发生重大火灾爆炸事故，造成121人死亡、76人受伤。6月6日，习近平就做好安全生产工作专门做出重要指示：“接连发生的重特大安全生产事故，造成重大人员伤亡和财产损失，必须引起高度重视。人命关天，发展决不能以牺牲人的生命为代价。这必须作为一条不可逾越的红线。”②

同年11月22日，山东青岛黄岛经济开发区东黄输油管线泄漏引发爆燃事故，造成62人死亡、136人受伤。11月24日，习近平在听取情况汇报时说：“各级党委和政府、各级领导干部要牢固树立安全发展理念，始终把人民群众生命安全放在第一位，牢牢树立发展不能以牺牲人的生命为代价这个观念。这个观念一定要非常明确、非常强烈、非常坚定。各地区各部门、各类企业都要坚持安全生产高标准、严要求，招商引资、上项目要严把安全生产关，加大安全生产指标考核权重，实行安全生产和重大安全生产事故风险‘一票否决’。”③

---

① 习近平总书记的唐山八小时“弘扬抗震精神，为中国梦注入强大精神力量”. 人民日报，2016-07-30.

② 习近平就做好安全生产工作作出重要指示 始终把人民生命安全放在首位 切实防范重特大安全生产事故的发生. 人民日报，2013-06-08.

③ 中共中央党史和文献研究院. 习近平关于总体国家安全观论述摘编. 北京：中央文献出版社，2018：131-132.

2016 年 10 月 31 日，习近平对全国安全生产工作做出重要批示，再次强调发展不能以牺牲安全为代价。

从本质上看，安全发展的理念体现的是一种源头治理的思想，注重从根本上解决问题：一方面，控制致灾因子；另一方面，削减社会的脆弱性。从应急管理角度看，这是减缓风险的两个重要手段。

在自然灾害管理方面，习近平也突出强调安全发展的理念，具体表现为他对人与自然和谐共生关系的理解与阐述。在《之江新语》中，他说："不和谐的发展，单一的发展，最终将遭到各方面的报复，如自然界的报复。"① 2016 年在唐山考察时，习近平指出，防灾减灾救灾工作需要避免两种倾向："一种倾向是违背自然规律，人类不能违背自然规律，不合规律的'抗'只会适得其反；另一种倾向是不负责任、没有担当、麻痹大意，不作为造成重大损失。"②

自然灾害并非绝对自然，其发生与人的不文明、反文明行为方式密切相关。因而，人与自然只有形成合作而非对抗关系，才能从根本上减少自然灾害发生的概率。地震、海啸等自然致灾因子一旦发生作用，便具有很强的不可控制性。但是，社会脆弱性却是可削减的。在此方面，人类可以大有作为。习近平提出，要把防灾减灾救灾作为经济社会发展和城乡规划的重要内容，建立健全自然灾害综合风险普查制度，提高灾害高风险区域和学校、医院、居民住房、重要基础设施的设防水平，切实改变一些地方城市高风险、农村不设防的状况。

---

① 习近平．之江新语．杭州：浙江人民出版社，2007：44.

② 习近平总书记的唐山八小时"弘扬抗震精神，为中国梦注入强大精神力量"．人民日报，2016－07－30.

党的十九大报告指出：“人与自然是生命共同体，人类必须尊重自然、顺应自然、保护自然。人类只有遵循自然规律才能有效防止在开发利用自然上走弯路，人类对大自然的伤害最终会伤及人类自身，这是无法抗拒的规律。”① 近年来，美丽中国建设、精准扶贫等重大战略的实施都有利于从源头削减致灾因子或削减环境脆弱性、社会脆弱性，使扶贫与减灾、生态保护与减灾有机地统一起来。例如，十九大报告在谈到生态系统保护时，提出要“加强地质灾害防治”。

第三，坚持预防为主与防救结合。应急管理不是仅仅指突发事件即将发生或发生后的响应，而是包括减缓、准备、响应、恢复等活动在内的一个全流程活动，涵盖了事前、事发、事中、事后各个阶段。其中，事前的预防至关重要。中国有“一针及时省九针”的谚语，西方认为“预防每投入 1 美元未来可获得 4 美元的收益”。

习近平说：“维护公共安全必须防患于未然”②，要坚持“标本兼治”和“关口前移”。他在文章、讲话中多次用典，表明了对未雨绸缪的重视，如“为之于未有，治之于未乱”，“明者防祸于未萌，智者图患于将来”，“备豫不虞，为国常道”，等等。2014 年 1 月 7 日，在中央政法工作会议上，习近平说：“公共安全事故，一头连着经济社会发展，一头连着千家万户，要警钟长鸣、常抓不懈，要预防和减少事故发生，坚决遏制重特大公共安全事故。”③

---

① 习近平．决胜全面建成小康社会 夺取新时代中国特色社会主义伟大胜利：在中国共产党第十九次全国代表大会上的报告．北京：人民出版社，2017：50.

② 中共中央党史和文献研究院．习近平关于总体国家安全观论述摘编．北京：中央文献出版社，2018：143.

③ 同②135.

但是，现代突发事件的发生往往具有高度的突发性与不确定性，可能突破风险管理的防线。务实地讲，应急响应能力也非常重要，因为它可以降低突发事件造成的损失。习近平提出，防灾减灾救灾“要坚持以防为主、防抗救相结合的方针，……要落实责任、完善体系、整合资源、统筹力量，从根本上提高防灾减灾救灾工作制度化、规范化、现代化水平”[①]。他强调要实现“一个统一，三个转变”：坚持常态减灾和非常态救灾相统一，努力实现从注重灾后救助向注重灾前预防转变，从应对单一灾种向综合减灾转变，从减少灾害损失向减轻灾害风险转变。这体现了预防为主、防救结合的全过程管理原则。

第四，加强社会动员与全民参与。在重大突发事件的应对中，社会动员可以聚合全社会的人力、物力与财力，形成协同应对、合成应急的态势。同时，随着我国社会的转型与发展，社会动员也可以满足公众参与的愿望与要求。习近平从群众路线的角度认识社会动员的重要性。他说：“公众参与对维护公共安全、应对和预防安全风险非常关键。要坚持群众观点和群众路线，拓展人民群众参与公共安全治理的有效途径。要把公共安全教育纳入国民教育和精神文明建设体系，推动安全教育进企业、进农村、进社区、进学校、进家庭，加强安全公益宣传，健全公共安全社会心理干预体系，积极引导社会舆论和公众情绪，动员全社会的力量来维护公共安全。”[②]

其实，早在2005年，身为浙江省委书记的习近平就专门撰写了《完善社会动员机制》一文。他写道：“面对接二连三的台风肆虐，……各级

---

① 中共中央党史和文献研究院．习近平关于总体国家安全观论述摘编．北京：中央文献出版社，2018：140.

② 同①144.

领导干部到岗到位、靠前指挥，基层广大党员和干部勇挑重担、动员群众，……领导干部与基层干部密切联系，党员干部与广大群众连为一体，本地群众与外来人员同受关注，党委、政府与地方部队协同作战，群众动员与资源动员配套进行，形成了有效防灾减灾避灾的社会动员机制。”① 他极力主张推广防台风的社会动员经验。

在唐山抗震救灾和新唐山建设40年之际，习近平指出，防灾减灾救灾是衡量执政党领导力、检验政府执行力、评判国家动员力、体现民族凝聚力的一个重要方面。他强调，“提高全民防灾抗灾意识，全面提高国家综合防灾减灾救灾能力”②。而提高全民防灾抗灾意识就必须开展广泛的社会动员，推动社会治理创新，为全民参与提供顺畅的渠道。

第五，夯实基层基础。人们常说，基础不牢，地动山摇。夯实应急管理基础的重要性自不待言。有效的应急管理一定会将安全意识、责任分解、落实到每一个基层社会单元甚至每一个社会成员身上，因为基层与公众是最初的应急响应单元，也是直接的承灾主体。一旦基层形成应急管理能力，就可以将突发事件的影响遏制在萌芽或初起的状态。在党的十八届六中全会第二次全体会议上，习近平说，“维护公共安全是个细致活和实在活”，要“从源头治起、从细处抓起、从短板补起”③。要将应急管理做实、做细，基层基础工作起着决定性的作用。

但是，我国应急管理存在着“上面强、下面弱，上面热、下面冷”的

---

① 习近平．之江新语．杭州：浙江人民出版社，2007：156.

② 习近平总书记的唐山八小时“弘扬抗震精神，为中国梦注入强大精神力量”．人民日报，2016-07-30.

③ 中共中央党史和文献研究院．习近平关于总体国家安全观论述摘编．北京：中央文献出版社，2018：150.

现象，应急资源呈现出“倒金字塔”形配置。越到基层，越需要应急资源与能力，这同应急资源与能力现状形成巨大的“剪刀差”。习近平指出：“维护公共安全体系，要从最基础的地方做起。要把基层一线作为公共安全的主战场，坚持重心下移、力量下沉、保障下倾”①。应急管理重心下移、力量下沉、保障下倾，可以改变基层权责、权能不匹配的问题。

第六，强化系统性风险管控。2015 年 10 月 29 日，习近平在十八届五中全会第二次全体会议上发表讲话，提出了“风险综合体”的概念。他说：“今后五年，可能是我国发展面临的各方面风险不断积累甚至集中显露的时期”②，包括重大社会风险和来自自然界的风险。“各种风险往往不是孤立出现的，很可能是相互交织并形成一个风险综合体。”③ 虽然习近平没有对风险综合体专门进行界定，但风险综合体的理念却多次出现在他的重要讲话之中。

2014 年 4 月 25 日，在主持十八届中央政治局第十四次集体学习时，习近平指出：“新形势下我国国家安全和社会安定面临的威胁和挑战增多，特别是各种威胁和挑战联动效应明显。我们必须保持清醒头脑、强化底线思维，有效防范、管理、处理国家安全风险，有力应对、处置、化解社会安定挑战。”④ 他主要强调了安全风险的联动性。联动是指一个事物发生运动或变化，相关事物也随之运动或变化。联系是联动的前提，即先联而后动。

---

① 中共中央党史和文献研究院. 习近平关于总体国家安全观论述摘编. 北京：中央文献出版社，2018：144.

② 中共中央文献研究室. 十八大以来重要文献选编：中. 北京：中央文献出版社，2016：833.

③ 同②834.

④ 习近平. 习近平谈治国理政. 北京：外文出版社，2014：202.

2016年1月18日，习近平在省部级主要领导干部学习贯彻党的十八届五中全会精神专题研讨班上说："当前和今后一个时期，我们在国际国内面临的矛盾风险挑战都不少，决不能掉以轻心。各种矛盾风险挑战源、各类矛盾风险挑战点是相互交织、相互作用的。如果防范不及、应对不力，就会传导、叠加、演变、升级，使小的矛盾风险挑战发展成大的矛盾风险挑战，局部的矛盾风险挑战发展成系统的矛盾风险挑战，国际上的矛盾风险挑战演变为国内的矛盾风险挑战，经济、社会、文化、生态领域的矛盾风险挑战转化为政治矛盾风险挑战，最终危及党的执政地位、危及国家安全。"① 在此，他主要阐述了风险综合体生成、演进的路径。

今天的世界呈现出网络化特征，关键基础设施网络相互关联，经济联系与社会交往空前密切，系统性风险发生的可能性增大。在全面建设社会主义现代化国家的新征程中，应急管理要服务于防范与化解重大风险。而重大风险多为系统性风险或风险综合体。防范重大风险的目的是：对风险进行控制，使其保持在合理的范围，防止其演变为重大风险；化解重大风险的目的是：在重大风险形成后，消除其影响、限制其后果，不使其产生重大的突发事件。

第七，树立底线思维。习近平总书记指出："各种风险我们都要防控，但重点要防控那些可能迟滞或中断中华民族伟大复兴的全局性风险，这是我一直强调底线思维的根本含义"②。重大突发事件造成的人员伤亡与经济损失大，是社会舆论关注的焦点与热点，往往对应急体系与制度建设提出

① 习近平．习近平谈治国理政：第2卷．北京：外文出版社，2017：222．

② 中共中央宣传部．习近平新时代中国特色社会主义思想三十讲．北京：学习出版社，2018：334．

挑战，最能体现党和政府的执政能力。像唐山大地震、1998 年洪水、“非典”疫情、汶川大地震那样的重大突发事件如果应对不力，就有可能迟滞或中断中华民族伟大复兴的历史进程。

党的十九大报告指出：“树立安全发展理念，弘扬生命至上、安全第一的思想，健全公共安全体系，完善安全生产责任制，坚决遏制重特大安全事故，提升防灾减灾救灾能力。”① 特别是，在安全生产领域，习近平要求以防范和遏制重特大事故为重点，坚持标本兼治、综合治理、系统建设。2016 年 7 月，习近平对加强安全生产工作做出重要指示：“要把遏制重特大事故作为安全生产整体工作的‘牛鼻子’来抓，在煤矿、危化品、道路运输等方面抓紧规划实施一批生命防护工程，积极研发应用一批先进安防技术，切实提高安全发展水平。”② 当月，习近平在唐山考察时正值“七下八上”的防汛最关键时期。他提出，要“绷紧防大汛、抗大洪、抢大险、救大灾这根弦”③。总之，应急管理中的底线思维表现为立足“打大仗”“打硬仗”，准备攻坚克难。

第八，兼顾追责与学习。激励分正向激励与负向激励。无论是正向激励还是负向激励，对于防范、应对重大突发事件都是不可或缺的。在十八届中央政治局第二十三次集体学习时，习近平提出：“要落实责任追究，对维护公共安全工作成绩显著的，要予以表彰奖励；对工作不重视不扎实甚至搞形式主义的，要告诫提醒、通报批评；对失职渎职导致发生重大公

---

① 习近平．决胜全面建成小康社会 夺取新时代中国特色社会主义伟大胜利：在中国共产党第十九次全国代表大会上的报告．北京：人民出版社，2017：49.

② 习近平对加强安全生产和汛期安全防范工作作出重要指示强调 守土有责敢于担当 完善体制严格监管 以对人民极端负责的精神抓好安全生产工作．人民日报，2016－07－21.

③ 习近平总书记的唐山八小时“弘扬抗震精神，为中国梦注入强大精神力量”．人民日报，2016－07－30.

共安全事件的，要追究有关领导和直接责任人的责任。”①

对于安全生产事故，习近平特别强调要强化、落实责任。他说：“不要强调在目前阶段安全事故‘不可避免论’，必须整合一切条件、尽最大努力、以极大的责任感来做好安全生产工作。”② 天津港“8·12”瑞海公司危险品仓库特别重大火灾爆炸事故后，他提出要“坚决落实安全生产责任制，真正做到党政同责、一岗双责、失职追责”③，以形成对安全生产齐抓共管的局面。

对于应急管理，习近平强调追责以强化责任意识，但同时又强调学习总结以汲取教训。2016 年 1 月，习近平在重庆调研时说：“面对公共安全事故，不能止于追责，还必须梳理背后的共性问题，做到一方出事故、多方受教育，一地有隐患、全国受警示。”④ 追责不是目的，只是手段。而且，追责也不能压倒学习，即从突发事件中汲取教训。

第九，加强国际应急合作。冷战结束后，经济全球化进程加速，世界各国的经济、贸易联系空前密切，人员往来日益频繁。与此同时，世界多极化、社会信息化、文化多元化成为不可逆转的历史趋势。在和平与发展成为世界主题的大背景下，各国利益相互依赖、相互交融，呈现出“一荣俱荣，一损俱损”的局面。一个国家发展自身利益，要关照他国的利益，决不能以牺牲他国利益为代价。这是因为整个人类不仅面临着战争、武装冲突等传统安全问题的威胁，也面临着全球气候变化、粮食安全、恐怖主

---

① 中共中央党史和文献研究院．习近平关于总体国家安全观论述摘编．北京：中央文献出版社，2018：142－143.

② 中共中央文献研究室．习近平关于社会主义社会建设论述摘编．北京：中央文献出版社，2017：143－144.

③ 同①145.

④ 同①146.

义、重大自然灾害、严重传染病疫情、网络攻击等非传统安全问题的威胁。作为一个负责任的大国，中国积极推动构建人类命运共同体，重塑全球治理体系。

应对非传统安全挑战是应急管理的重要职责，也是各国开展国际合作的重要领域。2015 年 5 月 7 日，习近平发表题为《铭记历史，开创未来》的署名文章，指出："'合则强，孤则弱。'合作共赢应该成为各国处理国际事务的基本政策取向。我们应该把本国利益同各国共同利益结合起来，努力扩大各方共同利益汇合点，树立双赢、多赢、共赢新理念，坚持同舟共济、权责共担"①，携手应对气候变化、重大自然灾害等日益增多的全球性问题。同年 10 月 12 日，在十八届中央政治局第二十七次集体学习时，习近平提出，要"加强国际社会应对资源能源安全、粮食安全、网络信息安全、应对气候变化、打击恐怖主义、防范重大传染性疾病等全球性挑战的能力"②。

"一带一路"建设是中国呈现给国际社会的一个重要的公共产品。沿线国家必须加强应急管理合作，以共同抵抗各种风险。习近平指出："我们要积极参与健康相关领域国际标准、规范等的研究和谈判，完善我国参与国际重特大突发公共卫生事件应对的紧急援外工作机制，加强同'一带一路'建设沿线国家卫生与健康领域的合作。"③ 其实，在"一带一路"建设过程中，各国密切在自然灾害应对等方面的合作也同样重要。

2018 年 5 月 12 日，汶川地震十周年国际研讨会暨第四届大陆地震国

---

① 习近平．铭记历史，开创未来．人民日报，2015－05－08.

② 中共中央党史和文献研究院．习近平关于总体国家安全观论述摘编．北京：中央文献出版社，2018：243.

③ 习近平．习近平谈治国理政：第 2 卷．北京：外文出版社，2017：373.

际研讨会在四川成都召开。习近平向会议致信说："科学认识致灾规律，有效减轻灾害风险，实现人与自然和谐共处，需要国际社会共同努力。"①

第十，建立长效机制。在十八届中央政治局第二十三次集体学习时，习近平强调："维护公共安全，必须从建立健全长效机制入手，推进思路理念、方法手段、体制机制创新，加快健全公共安全体系。"② 在安全生产领域，他曾指出："要建立长效机制，坚持常、长二字，经常、长期抓下去。特别是要抓薄弱环节，抓那些还不够重视的领域和行业。"③

在防灾减灾救灾方面，习近平提出当前和今后一个时期的努力方向：加强组织领导，健全体制，完善法律法规，推进重大防灾减灾工程建设，加强灾害监测预警和风险防范能力建设，提高城市建筑和基础设施抗灾能力，提高农村住房设防水平和抗灾能力，加大灾害管理培训力度，建立防灾减灾救灾宣传教育长效机制，引导社会力量有序参与等。这些努力方向大多涉及长效机制，是基于对应急管理规律进行探索而提出来的。

长效机制是对突发事件应对经验的总结，在应急管理中长期起作用。构建长效机制可以避免朝令夕改的随意性和因人而异的随机性，使得应急管理建立在有效的制度设计基础上。在浙江工作期间，习近平在提到舆情问题时说，要"改进重大突发事件报道，健全这方面报道工作的快速反应和应急协调机制"④。担任中共中央总书记后，习近平也对长效机制格外重

① 习近平向汶川地震十周年国际研讨会暨第四届大陆地震国际研讨会致信. 人民日报，2018-05-13.

② 中共中央文献研究室. 习近平关于社会主义社会建设论述摘编. 北京：中央文献出版社，2017：154.

③ 同②144.

④ 习近平. 之江新语. 杭州：浙江人民出版社，2007：55.

视。例如，他提出要“完善海洋环境突发事件应急反应机制”[①]。

2018年10月10日，习近平总书记主持召开中央财经委员会第三次会议，专题研究提高我国自然灾害防治能力的问题，提出“九个坚持”与“九个实施”[②]。其中，“九个坚持”包括：（1）坚持以人民为中心的发展思想；（2）坚持以防为主、防抗救相结合；（3）坚持常态救灾和非常态救灾相统一；（4）坚持党的领导，形成各方齐抓共管、协同配合的自然灾害防治格局；（5）坚持以人为本，切实保护人民群众生命财产安全；（6）坚持生态优先，建立人与自然和谐相处的关系；（7）坚持预防为主，努力把自然灾害风险和损失降至最低；（8）坚持改革创新，推进自然灾害防治体系和防治能力现代化；（9）坚持国际合作，协力推动自然灾害防治。这些是新时代我国提升自然灾害防治能力的原则。

“九个实施”包括：（1）实施灾害风险调查和重点隐患排查工程，掌握风险隐患底数；（2）实施重点生态功能区生态修复工程，恢复森林、草原、河湖、湿地、荒漠、海洋生态系统功能；（3）实施海岸带保护修复工程，建设生态海堤，提升抵御台风、风暴潮等海洋灾害能力；（4）实施地震易发区房屋设施加固工程，提高抗震防灾能力；（5）实施防汛抗旱水利提升工程，完善防洪抗旱工程体系；（6）实施地质灾害综合治理和避险移民搬迁工程，落实好“十三五”地质灾害避险搬迁任务；（7）实施应急救援中心建设工程，建设若干区域性应急救援中心；（8）实施自然灾害监测预警信息化工程，提高多灾种和灾害链综合监测、风险早期识别和预报预

---

① 中共中央党史和文献研究院. 习近平关于总体国家安全观论述摘编. 北京：中央文献出版社，2018：184.

② 习近平主持召开中央财经委员会第三次会议强调 大力提高我国自然灾害防治能力 全面启动川藏铁路规划建设. 人民日报，2018-10-11.

警能力；（9）实施自然灾害防治技术装备现代化工程，加大关键技术攻关力度，提高我国救援队伍专业化技术装备水平。这些是新时代我国提升自然灾害防治能力的路径。

总之，处于风险社会，没有安全感，就没有幸福感；没有安全，已获得的也将会失去。我国按照优化协同高效的原则，组建应急管理部，走出了健全应急管理体系的坚实一步。应急管理在满足人民对美好生活的向往中扮演着难以替代的角色。过去，我国经历并成功应对了许多大灾大难，彰显了党的领导和社会主义制度的优越性。未来，新时代中国特色应急体制、机制将会不断完善，应急管理更有能力驾驭复杂突发事件，进而为中华民族伟大复兴保驾护航。

四、提升维护社会稳定和安全能力

进入新时代，中国社会的主要矛盾发生了根本性变化，即从人民日益增长的物质文化需要同落后的社会生产之间的矛盾转变为人民日益增长的美好生活需要和不平衡不充分的发展之间的矛盾。有效治理公共冲突、打击恐怖主义等严重刑事犯罪以维护社会稳定安全、捍卫公共安全与国家安全，对于实现中华民族伟大复兴的中国梦具有重要的历史意义和现实意义。

改革开放以来，我国经济增长非常迅速，取得了令世人瞩目的成就，但社会治理能力相对滞后。一方面，经济的快速发展带来了一系列复杂、全新的社会矛盾与问题；另一方面，社会治理手段与能力不能及时、有效地跟进，导致我国在经济转轨、社会转型时期公共冲突频发、高发。早在2006年，习近平就曾指出：“人民内部矛盾是现阶段影响社会稳定的主要因素。……目前，影响社会稳定的人民内部矛盾已经发生了很大的变化，主要表现为劳动就业、社会保障、收入分配、土地征用、房屋拆迁等带来的一系列社会问题。由于我国正处于经济高速发展期和矛盾凸显期，致使这些人民内部矛盾的表现形式更加多样，覆盖范围更加广泛，相互交织更加复杂，解决起来也更加困难。”①

走进新时代，我国还面临着发展不平衡的问题：第一，经济发展与生态环境保护不平衡，粗放型的经济增长模式导致以消耗大量资源、牺牲环境为代价，没有形成人与自然的和谐共生关系。第二，城乡发展不平衡，虽然脱贫攻坚取得胜利，但城乡一体化进程任重道远，精准扶贫与乡村振兴战略需有效衔接，规模性返贫的风险必须着力加以防范。第三，区域发展不平衡，经济发展水平按东中西部依次递减，东部沿海地区与西部内陆地区的发展落差较大。第四，阶层收入不平衡，贫富差距过大，基尼系数已经超越了 0.4 的国际警戒线。不平衡发展严重影响着社会的公平正义和社会公众的幸福感、获得感。此外，我国还存在着发展不充分问题，主要表现为“发展质量和效益还不高，创新能力不够强，实体经济水平有待提高”②。这些问题反过来又制约着发展不平衡问题的解决。

新时代并不是没有公共冲突、一团和气的时代。发展起来后，矛盾问题并不会少。完善社会治理体系、提升社会矛盾纠纷化解能力、编织立体化社会治安防控网络，对于维护公共安全和社会安全都十分重要。基层是基础，也是基石。基层治理是大国安全的底气。党的二十大报告在“推进国家安全体系和能力现代化，坚决维护国家安全和社会稳定”部分，专门

① 习近平．之江新语．杭州：浙江人民出版社，2007：237.

② 习近平．决胜全面建成小康社会 夺取新时代中国特色社会主义伟大胜利：在中国共产党第十九次全国代表大会上的报告．北京：人民出版社，2017：9.

论述完善社会治理体系："健全共建共治共享的社会治理制度，提升社会治理效能。在社会基层坚持和发展新时代'枫桥经验'，完善正确处理新形势下人民内部矛盾机制，加强和改进人民信访工作，畅通和规范群众诉求表达、利益协调、权益保障通道，完善网格化管理、精细化服务、信息化支撑的基层治理平台，健全城乡社区治理体系，及时把矛盾纠纷化解在基层、化解在萌芽状态。加快推进市域社会治理现代化，提高市域社会治理能力。强化社会治安整体防控，推进扫黑除恶常态化，依法严惩群众反映强烈的各类违法犯罪活动。发展壮大群防群治力量，营造见义勇为社会氛围，建设人人有责、人人尽责、人人享有的社会治理共同体。"① 完善社会治理体系，是防范化解社会安全事件风险的重要举措，有利于对社会安全事件的源头控制。在党的十九大报告中，公共安全与国家安全分别表述，列在社会治理的标题下。党的二十大报告体现了一个逻辑：社会治理—公共安全—国家安全。

在新时代，我们要本着居安思危、知危图安的理念，避免社会公众滋生严重的相对剥夺感、引发公共冲突、影响社会和谐稳定。2015 年 10 月 29 日，习近平在十八届五中全会第二次全体会议上指出："过去，我们常常以为，一些矛盾和问题是由于经济发展水平低、老百姓收入少造成的，等经济发展水平提高了、老百姓生活好起来了，社会矛盾和问题就会减少。现在看来，不发展有不发展的问题，发展起来有发展起来的问题，而发展起来后出现的问题并不比发展起来前少，甚至更多更复杂了。新形势下，如果利益关系协调不好、各种矛盾处理不好，就会导致问题激化，严

---

① 习近平. 高举中国特色社会主义伟大旗帜 为全面建设社会主义现代化国家而团结奋斗：在中国共产党第二十次全国代表大会上的报告. 人民日报，2022-10-26.

重的就会影响发展进程。”[①]

在新时代，公共冲突问题异常复杂，国内因素与国际因素交织，公众维权与政府维稳的逻辑被割裂的风险加大。公共冲突问题是在发展中出现的，也需要在发展中加以解决。因为发展中出现问题而拒绝发展，这无异于因噎废食，不利于长久的社会稳定。我们需要的稳定不是静态、暂时的稳定，而是动态、长期的稳定。有效治理公共冲突，必须坚持总体国家安全观，贯彻以人民为中心和以人民安全为宗旨的理念，切实维护好社会公众的合法权益和福祉，在建设更高水平的平安中国中实现创新。

第一，从危机管理向源头治理转变。公共冲突如果得不到及时、有效的治理，就会演化为群体性事件，形成难以应对的公共危机。习近平要求领导干部“要善于从大局的高度来看待社会稳定问题，对一些不稳定因素，要有深邃敏锐的观察能力、主动防范的思想准备和缜密细致的工作预案”，要“防止不稳定因素演变成‘慢性病’，三天两头反复发作，以致小事变成大事，个案变成群体性事件，局部问题变成影响一个地方的问题”[②]。治理公共冲突必须遵循“敬小以远大”的原则，关口前移，进行源头治理。现实中，许多公共冲突都源于政府出台的公共政策不合理，没有把改革的力度、发展的速度和社会可承受的程度统一起来。我国应继续完善重大决策的社会稳定风险评估制度，政府在做决定、上项目、搞工程之前，不仅要进行经济效益评估，也要开展社会稳定风险评估，从源头上避

① 中共中央文献研究室．十八大以来重要文献选编：中．北京：中央文献出版社，2016：833－834.

② 习近平．之江新语．杭州：浙江人民出版社，2007：236.

免引发公共冲突。

第二，从注重维稳向注重维权转变。维稳经常被视为压倒一切的中心任务，因为它与各级领导干部的政治前途密切相关。于是，一些干部为实现在管辖范围内“不出事”，千方百计地压制公共冲突，或失之于软，或滥用暴力，其底线是：只要任期内不发生暴力性冲突，哪怕埋下再大的社会隐患也在所不惜。习近平强调：“要处理好维稳和维权的关系，要把群众合理合法的利益诉求解决好，完善对维护群众切身利益具有重大作用的制度，强化法律在化解矛盾中的权威地位，使群众由衷感到权益受到了公平对待、利益得到了有效维护。”[①] 公众如能有效维权，政府维稳的问题就将迎刃而解。比较而言，维权更加需要做艰苦细致的群众工作，但它对于社会的长治久安将起到根本性的作用，可以增强公共冲突治理的有效性。

第三，从刚性压制向柔性疏导转变。对于公众的利益诉求，刚性压制必然会导致民怨的聚集，是政府“懒政”“惰政”的重要表现。公共冲突的有效治理强调柔性疏导，而疏导的重要前提是畅通民意表达渠道。信访是中国特色的人权救济制度，是党和政府了解社情民意、公众合理表达利益诉求的重要渠道。但是，信访制度存在着巨大的改善空间。党的十八届三中全会通过的《中共中央关于全面深化改革若干重大问题的决定》提出：“改革信访工作制度，实行网上受理信访制度，健全及时就地解决群众合理诉求机制。把涉法涉诉信访纳入法治轨道解决，建立涉法涉诉信访依法终结制度。”[②] 目前，信访改革已经取得了重要的进展。

在浙江担任省委书记期间，习近平大力主张领导下访接待群众，认为

---

① 习近平．习近平谈治国理政．北京：外文出版社，2014：148．

② 中共中央关于全面深化改革若干重大问题的决定．北京：人民出版社，2013：51．

这是“集中处理信访突出问题及群体性事件的具体体现，是从源头上化解各类矛盾，促进社会和谐稳定的有力举措”[①]。他提出，“领导下访必须注重实效”，“着力在解决问题、提高接访质量上下工夫”，“要把领导下访，与常年接访、定期约访有机结合起来，把敞开式下访与专题约访或调研有机结合起来”[②]。为了有效治理公共冲突，政府必须改变“不能吼服，就要压服”的粗暴做法，为公众便捷地表达诉求甚至发泄怨气创造条件，进而发挥信访活血化瘀的作用。2022 年 3 月 1 日，习近平总书记在春季学期中央党校（国家行政学院）中青年干部培训班开班式上发表重要讲话，强调：“党的十八大以来，我们先后开展一系列集中学习教育，一个重要目的就是教育引导全党牢记中国共产党是什么、要干什么这个根本问题，始终保持党同人民的血肉联系。贯彻党的群众路线，首先要对群众有感情，真正把自己当作群众的一员、把群众的事当作自己的事。要深入研究和准确把握新形势下群众工作的特点和规律，改进群众工作方法，提高群众工作水平。信访是送上门来的群众工作，要通过信访渠道摸清群众愿望和诉求，找到工作差距和不足，举一反三，加以改进，更好为群众服务。领导干部要学网、懂网、用网，了解群众所思所愿，收集好想法好建议，积极回应网民关切。要高度关注新业态发展，坚持网上网下结合，做好新就业群体的思想引导和凝聚服务工作。”[③] 同时，我国要健全、完善行政复议制度，及时纠正违法或不当行政行为。另外，要着力打造人民调解、行政调解与司法调解的联动体系，及时化解社会矛盾与纠纷，防止其演变为公共

---

① 习近平. 之江新语. 杭州：浙江人民出版社，2007：77.

② 同①79，80.

③ 习近平在中央党校（国家行政学院）中青年干部培训班开班式上发表重要讲话强调 筑牢理想信念根基树立践行正确政绩观 在新时代新征程上留下无悔的奋斗足迹. 人民日报，2022-03-02.

冲突。

第四，从高层重视向重心下移转变。有效的公共冲突治理必须改变“上面热、下面冷”的局面。在实际工作中，基层权力有限但责任无限，常常面对“上面千条线，下面一根针”的困境。中央对安全、稳定的重视与地方经济发展的重心有时存在矛盾。“基层既是产生社会矛盾的‘源头’，同时也是疏导各种矛盾的‘茬口’。……基层矛盾要用基层民主的办法来解决，……综合采用政治、经济、行政、法律和民主协商等多种手段，提高将矛盾化解在基层、消灭在萌芽状态、控制在局部的能力。”① “大量的信息在基层交流，多种思潮在基层激荡，各种矛盾在基层汇集，甚至一些矛盾纠纷与冲突也在基层酝酿、爆发。”② 所以，有效的公共冲突治理要重心下移，夯实基层的基础。在此过程中，重心与资源要同时下沉、下倾，使基层具备解决问题、将公共冲突消灭在萌芽状态的能力。党的十九大报告强调，要“加强社区治理体系建设，推动社会治理重心向基层下移”③。在“单位制”社会解构的背景下，作为基层社会单元，社区在化解矛盾和纠纷、预防公共冲突方面的潜力巨大。

第五，从单一的行政命令向多样化治理转变。党的十九大报告指出，社会治理要“发挥社会组织作用，实现政府治理和社会调节、居民自治良性互动”④。同样，有效的公共冲突治理要突破单纯依靠政府凭借行政命令、控制手段维稳的思维。首先，公共冲突治理的主体是多元化的，要建

---

① 习近平．之江新语．杭州：浙江人民出版社，2007：226.

② 同①239.

③ 习近平．决胜全面建成小康社会 夺取新时代中国特色社会主义伟大胜利：在中国共产党第十九次全国代表大会上的报告．北京：人民出版社，2017：49.

④ 同③.

立健全党委领导、政府负责、社会协同、公众参与、法治保障的格局，注重发挥工会、共青团、妇联等群团组织的桥梁纽带作用，多方合作共治。其次，要避免治理工具的单一化，变单纯依靠行政命令为“综合运用法律、政策、经济、行政等手段和教育、协商、疏导等办法”①。再次，在依法治国的时代背景下，依法治理公共冲突具有十分重要的意义。习近平强调：“对各类社会矛盾，要引导群众通过法律程序、运用法律手段解决，推动形成办事依法、遇事找法、解决问题用法、化解矛盾靠法的良好环境。”② 国家依法治国，政府依法维稳，公众依法维权，这是构建法治国家、法治政府、法治社会的必然要求。

第六，从重视改善民生向改善民生与引导预期并重转变。为了减少社会公众相对剥夺感的滋生、降低公共冲突发生的概率，有效的公共冲突治理一方面要改善民生、提高公众的生活水平，另一方面要对社会公众进行引导，使其形成合理的心理预期。党的十九大报告提出：“保障和改善民生要抓住人民最关心最直接最现实的利益问题，……坚持人人尽责、人人享有，坚守底线、突出重点、完善制度、引导预期”③，“加强社会心理服务体系建设，培育自尊自信、理性平和、积极向上的社会心态”④。引导社会公众的预期绝对不是“愚民之术”，而是让社会公众对未来产生客观、合理的期盼。

第七，从关注内部因素向内外因素兼顾转变。在经济全球化时代，国

---

① 习近平. 之江新语. 杭州：浙江人民出版社，2007：239.

② 习近平. 习近平谈治国理政. 北京：外文出版社，2014：204.

③ 习近平. 决胜全面建成小康社会 夺取新时代中国特色社会主义伟大胜利：在中国共产党第十九次全国代表大会上的报告. 北京：人民出版社，2017：45.

④ 同③49.

家对内安全与对外安全的界限很难清晰地划定。“维护国家安全，必须做好维护社会和谐稳定工作，做好预防化解社会矛盾工作，从制度、机制、政策、工作上积极推动社会矛盾预防化解工作。”[①] 有效的公共冲突治理必须具备维护国家安全的大局意识，防止境外敌对势力插手公共冲突、推波助澜，影响中国的政治安全和社会稳定。

《中华人民共和国反恐怖主义法》第四条规定：“国家将反恐怖主义纳入国家安全战略”。这是对内维护我国政治安全与社会稳定，对外维护国家主权、安全与发展利益的必然要求。十九届五中全会《建议》提出：“坚持专群结合、群防群治，加强社会治安防控体系建设，坚决防范和打击暴力恐怖、黑恶势力、新型网络犯罪和跨国犯罪，保持社会和谐稳定。”[②] “东突”恐怖势力对我国社会稳定安全构成了严重威胁，有效治理恐怖主义是我国在新时代应对重大风险、进行伟大斗争的题中应有之义。

在我国，有效治理恐怖主义关键要坚持党的领导。东西南北中，党是领导一切的，可以领导、协调公安、国安、军队、外交等各个部门，可以形成对全社会强大的动员力，整合一切资源，综合运用政治、经济、文化、科技、外交等各种手段，形成国内外协同应对恐怖主义的强大合力。在党的领导下，我们要构建一个治理恐怖主义的复合模式。

其一，国家治理。恐怖主义是当今世界国家治理的一大难题。国家是一个政治权力系统，其职能主要包括政治统治与政治管理两个方面。“国

---

① 习近平. 习近平谈治国理政. 北京：外文出版社，2014：203 - 204.

② 中共中央关于制定国民经济和社会发展第十四个五年规划和二〇三五年远景目标的建议.(2020 - 11 - 03). http://www.gov.cn/zhengce/2020 - 11/03/content_5556991.htm.

家是有组织的暴力、经济集团。国家权力主要依靠暴力迫使他人屈从于国家之意志。国家之道，就是法家讲的‘法、术、势’三者之结合。势者，国家暴力也；法者，国家宪法及其相关法律制度也；术者，治国之心智也。完成国家安全智能，必须富民强兵。”[①] 社会主要是指公众交往发生的系统，有着自身独特的运行逻辑，并非一个政治概念。国家的安全所关注的核心是政治安全，即制度安全与政权安全；社会的安全所关注的中心是公共安全，即公众的生命、健康与财产安全。国家安全与公共安全不同，但彼此之间有着密切的关联：一方面，国家安全为公共安全提供保障；另一方面，公共安全为国家安全奠定基础。

国家治理是中国共产党领导人民对国家进行的整体性、综合性治理。党的十八大以来，我国积极推动国家治理体系和治理能力现代化，这对打击“东突”恐怖主义具有釜底抽薪的意义。习近平说：“国家治理体系是在党领导下管理国家的制度体系，包括经济、政治、文化、社会、生态文明和党的建设等各领域体制机制、法律法规安排，也就是一整套紧密相连、相互协调的国家制度”[②]。随着我国国家治理体系的不断完善，“东突”恐怖主义将因逐渐失去生存的社会“土壤”而得到有力的遏制。对恐怖主义进行国家治理有助于提升我国综合性的反恐能力。

其二，社会治理。“东突”恐怖主义危害各族人民的生命、健康与财产安全，是社会治理的一个难题。党的十八大指出，我国要形成“党委领导、政府负责、社会协同、公众参与、法治保障”的格局。社会治理以维护公众利益为目的和出发点，致力于改善民生、化解社会矛盾与纠纷、维

① 邓周平. 论国家治理系统与社会治理系统的耦合关系. 系统科学学报，2017（3）.

② 习近平. 切实把思想统一到党的十八届三中全会精神上来. 求是，2014（1）.

护社会公平正义、确保公共安全，以实现社会和谐、安定和有序。在我国，社会治理包括两个方面：一是政府对社会的治理；二是社会的自我治理。从维护公共安全的角度看，打击“东突”恐怖主义，也必须开展有效的社会治理，使政府、企业、社会组织与公民个人形成一个应对“东突”恐怖主义的天衣无缝的网络。习近平指出：“要加强新形势下反分裂斗争，高举各民族大团结的旗帜，坚持各民族共同团结奋斗、共同繁荣发展的主题，深入开展民族团结宣传教育，打牢民族团结的思想基础，最大限度团结各族群众。要加强基层组织和基层政权建设，多做深入细致的群众工作。要正确把握党的民族、宗教政策，及时妥善解决影响民族团结的矛盾纠纷，坚决遏制和打击境内外敌对势力利用民族问题进行的分裂、渗透、破坏活动。”①

在防范恐怖主义方面，社会治理对打击“东突”恐怖主义，特别是去激进化具有非常重要的作用。我国要建立、健全社区矫正制度，加强网络舆论的监管与引导，防止宗教极端思想在虚拟空间的传播，在保护合法宗教权利、吸纳各民族公众共同参与的基础上，协同治理恐怖主义意识形态。此外，培育社会组织，发挥社会组织在扶危解困、化解矛盾中的作用，也可以遏制恐怖主义的传播与蔓延。

在涉恐情报信息方面，社会治理有助于在第一时间发现恐怖主义的蛛丝马迹。公众的生产、生活覆盖社会的方方面面，在社会交往过程中可能会发现恐怖活动的各种线索。如果社会公众具有足够的反恐意识和责任担当，就会及时举报，将暴恐活动消灭在萌芽状态。互联网企业在运营过程

① 习近平．习近平谈治国理政．北京：外文出版社，2014：203.

中可以监控、发现宗教极端思想言论和恐怖主义活动的迹象，能够为反恐部门提供有价值的数据。所以，政府与企业之间应该形成重要的反恐伙伴关系。

对恐怖主义进行社会治理应该做好以下方面工作：一是形成全社会共同参与、共同治理的反恐网络，重心下移，将反恐责任落实到村委会、居委会、企事业单位、社会组织，实现多方协调联动，共同反恐；二是明确涉恐信息举报的公民责任，鼓励公众及时发现并举报恐怖事件的线索，对参与反恐有功者给予表彰、奖励，对伤亡者予以抚恤；三是建立征用补偿制度，反恐部门在紧急情况下可以征用单位或个人财产，但要对征用进行补偿，以维系此项制度的可持续性。

公民参与反恐，人人有责，也人人受益。但是，反恐毕竟是高风险的活动，全社会参与的形式、内容应该根据技能、角色的不同而有所区分，以避免发生不必要的伤亡和损失。政府、学校、社区、家庭要面向社会公众开展反恐教育，使其学习、掌握必备的反恐知识与技能。只有这样，社会力量才能安全、有序、有效地参与到反恐中来。

其三，全球治理。“全球治理是包括国家、社会、市场、公民个人在内的各类行为主体为了应对全球变革和全球问题带来的挑战，通过协商合作、共担风险和责任，有效管理全球性公共事务的实践活动。”① 恐怖主义是全球共同应对的风险。对恐怖主义的全球治理要求我国推动人类命运共同体的构建，形成以共商共建共享为基础的治理体系，不断完善国际合作机制，加强各国政府间反恐合作。同时，我们也要推动跨国公司、国际

① 杨雪冬，王浩．全球治理．北京：中央编译出版社，2015：5.

NGO 参与全球反恐行动。

“一带一路”倡议实施后，“东突”恐怖组织与国际恐怖组织相互勾连，伺机在沿线国家制造恐怖袭击，威胁我国海外利益的安全。2016 年 8 月 17 日，习近平在推进“一带一路”建设工作座谈会上发表讲话，提出：“要切实推进安全保障，完善安全风险评估、监测预警、应急处置，建立健全工作机制，细化工作方案，确保有关部署和举措落实到每个部门、每个项目执行单位和企业。”①

在经济全球化时代，我们生活的世界具有高度的相互连接性、高度的复杂性、高度的不确定性等特点。交通、通信、能源等关键基础设施相关技术的进步成为经济全球化发展的重要推动力。关键基础设施让全球化的世界因网而联，每一个基础设施都是现实与虚拟的链条与节点，将整个世界联成一个复杂的网络。基础设施的互联互通将“一带一路”沿线国家凝结成一个安全命运共同体，要重点防范恐怖袭击可能导致的系统性危机，构建一个国际反恐的全球治理网络。

其四，互联网空间治理。在虚拟世界，我们要构建起网络空间命运共同体，打击网络恐怖主义和互联网上的涉及恐怖主义的行动。“9·11”事件后，全球反恐行动使恐怖主义如过街老鼠，人人喊打。在这种情形下，恐怖组织化整为零，从垂直的等级化组织转变为水平的网络化组织，更加具有灵活性。其决策权高度分散，恐怖网络的组成单元以意识形态为链接的纽带，各自为政、自主行动，又相互配合、遥相呼应。恐怖组织的转型不仅是因为外部严酷的环境使然，也是由于互联网技术的推动。

① 习近平．习近平谈治国理政：第 2 卷．北京：外文出版社，2017：505.

互联网使得恐怖网络的组成单元以意识形态为核心，做到“形散而神不散”。各恐怖组织之间可以在较为秘密的状态下便捷地进行沟通与协调，甚至跨国界进行策划、指挥、实施，给反恐斗争带来极大的压力和挑战。由于网站开发、维护与运营成本低廉，许多国际恐怖组织都有自己的网站。

恐怖主义活动的实施不能缺少以下五大因素，即动机、人员、资金、工具和信息。首先，恐怖组织利用互联网传播宗教极端思想，散布恐怖主义意识形态，招募、动员恐怖分子。我国恐怖犯罪主体多为文盲、法盲，在接受宗教极端思想洗脑后，迅速激进化，从无案底的普通公民短时间内变成嗜血成性的恶魔。其中，在网上传播的暴恐音视频及激进言论起到了推波助澜的作用。其次，恐怖分子还通过互联网进行融资，筹集活动经费。从国际上看，恐怖分子经常通过电子汇款、网上贵金属交易、在线捐赠与售物等方式，募集资金，花样不断翻新，令政府监管非常困难。再次，互联网上存在着大量难以屏蔽的公开信息，凭借这些信息，恐怖分子就可以用日常生活用品和材料，制造简易爆炸装置（IED）。最后，互联网增强了现代社会的开放性和透明性以及随之而来的脆弱性。恐怖分子可以在互联网上进行数据挖掘，如搜集关键基础设施的相关信息，为实施恐怖活动创造充分的条件。

在互联网空间，治理恐怖主义要强化政府对网络的监管职能，发挥互联网企业及企业联盟的自律作用，同时调动广大网民的积极性，鼓励公众对网上涉恐信息积极进行举报。特别是，政府要与互联网企业构建反恐伙伴关系，形成共同治理网络恐怖主义的强大合力。在参与经济全球化的进程中，我国要积极推动国际社会构建网络空间命运共同体，加强打击网络恐怖主义的国际合作。

在总体国家安全观下，国家治理、社会治理、全球治理与互联网空间治理无缝隙对接，调动多元主体的力量参与反恐，运用多种手段预防恐怖主义，预防与应急相结合，编织一个严密的反恐网络。

此外，公共卫生安全事件性质特殊，重大传染病疫情间歇期长，但与国家安全危机的界限模糊，不容忽视。党的二十大报告强调，创新医防协同、医防融合机制，健全公共卫生体系，提高重大疫情早发现能力，加强重大疫情防控救治体系和应急能力建设，有效遏制重大传染性疾病传播。

回首 1872 年，作为晚清重臣，李鸿章敏锐地察觉到清王朝的内忧外患，从中国与世界两个角度出发，提出其时之中国，正处在“三千余年一大变局”之开端。那时，中华民族正走向苦难与屈辱。今天，世界正处于百年未有之大变局，我们比历史上任何时期都更接近、更有信心和能力实现中华民族伟大复兴的目标。历史潮流，浩浩汤汤。这是一个难以逆转的历史进程，同时也充满了巨大的风险和挑战。踏上新征程，我们必须胸怀国之大者，贯彻落实总体国家安全观，统筹发展和安全，以大安全格局保障新发展格局，以高水平安全护佑高质量发展，奋力推进国家安全体系和能力现代化，为全面建成社会主义现代化强国、实现中华民族伟大复兴中国梦保驾护航。

理论是行动的先导。推进国家安全体系和能力现代化，必须把握新时代中国特色社会主义思想的世界观和方法论，坚持人民至上、坚持自信自立、坚持守正创新、坚持问题导向、坚持系统观点、坚持胸怀天下，大胆探索国家安全理论创新，因为民族复兴的伟大时代呼唤着伟大的理论！

参考文献

［1］马克思恩格斯全集：第30卷. 2版. 北京：人民出版社，1995.

［2］马克思恩格斯选集：第1卷. 3版. 北京：人民出版社，2012.

［3］马克思恩格斯全集：第42卷. 北京：人民出版社，1979.

［4］马克思恩格斯全集：第46卷上. 北京：人民出版社，1979.

［5］马克思恩格斯全集：第31卷. 北京：人民出版社，1972.

［6］马克思恩格斯全集：第20卷. 北京：人民出版社，1971.

［7］马克思恩格斯选集：第3卷. 3版. 北京：人民出版社，2012.

［8］中华人民共和国外交部，中共中央文献研究室. 毛泽东外交文选. 北京：中央文献出版社，世界知识出版社，1994.

［9］习近平. 习近平谈治国理政. 北京：外文出版社，2014.

［10］习近平. 习近平谈治国理政：第2卷. 北京：外文出版社，2017.

［11］习近平. 习近平谈治国理政：第3卷. 北京：外文出版社，2020.

［12］习近平. 之江新语. 杭州：浙江人民出版社，2007.

［13］习近平. 高举中国特色社会主义伟大旗帜 为全面建设社会主义现代化国家而团结奋斗：在中国共产党第二十次全国代表大会上的报告. 北京：人民出版社，2022.

［14］习近平．在网络安全和信息化工作座谈会上的讲话．北京：人民出版社，2016.

［15］习近平．铭记历史，开创未来．人民日报，2015－05－08.

［16］习近平．坚持合作创新法治共赢 携手开展全球安全治理：在国际刑警组织第八十六届全体大会开幕式上的主旨演讲．人民日报，2017－09－27.

［17］习近平就做好安全生产工作作出重要指示 始终把人民生命安全放在首位 切实防范重特大安全生产事故的发生．人民日报，2013－06－08.

［18］习近平在中共中央政治局第八次集体学习时强调 进一步关心海洋认识海洋经略海洋 推动海洋强国建设不断取得新成就．人民日报，2013－08－01.

［19］习近平主持召开中央国家安全委员会第一次会议强调 坚持总体国家安全观 走中国特色国家安全道路．人民日报，2014－04－16.

［20］习近平在会见全国国家安全机关总结表彰大会代表时强调 扎实深入贯彻落实总体国家安全观 与时俱进开创国家安全工作新局面．人民日报，2015－05－20.

［21］习近平在首个全民国家安全教育日之际作出重要指示强调 汇聚起维护国家安全强大力量 不断提高人民群众安全感幸福感．人民日报，2016－04－15.

［22］习近平会见联合国秘书长潘基文．人民日报，2016－07－08.

［23］习近平主持召开国家安全工作座谈会强调 牢固树立认真贯彻总体国家安全观 开创新形势下国家安全工作新局面．人民日报，2017－02－18.

［24］习近平在中共中央政治局第四十次集体学习时强调 金融活经济

活金融稳经济稳 做好金融工作维护金融安全. 人民日报，2017－04－27.

［25］习近平向汶川地震十周年国际研讨会暨第四届大陆地震国际研讨会致信. 人民日报，2018－05－13.

［26］中共中央宣传部. 习近平总书记系列重要讲话读本. 北京：学习出版社，人民出版社，2014.

［27］中共中央文献研究室. 习近平关于社会主义社会建设论述摘编. 北京：中央文献出版社，2017.

［28］中共中央党史和文献研究院. 习近平关于总体国家安全观论述摘编. 北京：中央文献出版社，2018.

［29］《总体国家安全观干部读本》编委会. 总体国家安全观干部读本. 北京：人民出版社，2016.

［30］中共中央宣传部. 习近平中国特色社会主义思想三十讲. 北京：学习出版社，2018.

［31］中共中央文献研究室. 十八大以来重要文献选编：上. 北京：中央文献出版社，2014.

［32］中共中央文献研究室. 十八大以来重要文献选编：中. 北京：中央文献出版社，2016.

［33］“一带一路”国际合作高峰论坛重要文辑. 北京：人民出版社，2017.

［34］徐泽平. 国家安全理论研究. 贵阳：贵州大学出版社，2009.

［35］余萧枫，潘一禾，王江丽. 非传统安全概论. 杭州：浙江人民出版社，2006.

［36］赵远良，主父笑飞. 非传统安全与中国外交新战略. 北京：中

国社会科学出版社，2011.

［37］李程伟．公共危机管理：理论与实践探索．北京：中国政法大学出版社，2006.

［38］刘慧．中国国家安全研究报告（2014）．北京：社会科学文献出版社，2014.

［39］陈嘉明．现代性与后现代性十五讲．北京：北京大学出版社，2006.

［40］齐格蒙特·鲍曼．被围困的社会．南京：江苏人民出版社，2005.

［41］刘敏．生成的逻辑：系统科学“整体论”思想研究．北京：中国社会科学出版社，2013.

［42］许国志．系统科学与工程研究．上海：上海科技教育出版社，2000.

［43］吴鹏森．公共安全的理论与应用：改革以来我国公共安全研究综述．北京：中国人民公安大学出版社，2014.

［44］常健，等．公共冲突管理．北京：中国人民大学出版社，2012.

［45］杨雪冬，王浩．全球治理．北京：中央编译出版社，2015.

［46］王世洲，郭自力，张美英．危害国家安全犯罪研究．北京：中国检察出版社，2012.

［47］顾国良，刘卫东，李枏．美国对华政策中的涉疆问题．北京：社科文献出版社，2012.

［48］卡尔·多伊奇．国际关系分析．北京：世界知识出版社，1992.

［49］巴瑞·布赞，等．新安全论．杭州：浙江人民出版社，2003.

［50］巴里·布赞．人、国家与恐惧：后冷战时代的国际安全研究议程．北京：中央编译出版社，2009.

［51］巴里·布赞，琳娜·汉森．国际安全研究的演化．杭州：浙江大学出版社，2011.

［52］王宏伟．正确理解总体国家安全观的关键．中国社会科学报，2018－07－17.

［53］王宏伟．总体国家安全观视角下公共危机管理模式的变革．行政论坛，2018（4）.

［54］王宏伟．总体国家安全观指导下的国家安全系统性风险及其治理.现代国际关系，2017（11）.

［55］王宏伟，李家福．总体国家安全观视角下公共冲突治理创新．科学社会主义，2015（2）.

［56］王宏伟．总体国家安全观下的公共安全与应急管理．社会治理，2015（4）.

［57］阿米塔夫·阿查亚．人的安全：概念及应用．杭州：浙江大学出版社，2010.

［58］乌尔里希·贝克．风险社会．南京：译林出版社，2004.

［59］乌尔里希·贝克，威廉姆斯．关于风险社会的对话//薛晓源，周战超．全球化与风险社会．北京：社会科学文献出版社，2005.

［60］弗朗西斯·福山．意外：如何预测全球政治中的突发事件与未知因素．北京：中国社会科学出版社，2014.

［61］卢卡奇．历史与阶级意识．北京：商务印书馆，1996.

［62］乌尔里希·贝克．什么是全球化？上海：华东师范大学出版

社，2008.

［63］Philip Ball，等. 社会为何如此复杂：用新科学应对二十一世纪的挑战. 北京：科学出版社，2015.

［64］大卫·雷·格里芬. 后现代精神. 北京：中国编译出版社，2011.

［65］阿尔温·托夫勒，海蒂·托夫勒. 创造一个新的文明：第三次浪潮的政治. 上海：三联书店上海分店，1996.

［66］申罡. 核心技术要不来买不来讨不来！习近平院士大会这些金句振聋发聩. 人民日报客户端，2018－05－29.

［67］Rosenthal U. Coping with crises：the management of disasters，riots and terrorism. Springfield：Charles Thomas Publisher，1989.

［68］Arnold Wolfers. National security as an ambiguous symbol. Political science quarterly，1952（4）.

［69］Sharhar Hameiri，Lee Jones. Governing borderless threats：non-traditional security and the politics of state transformation. Cambridge：Cambridge University Press，2015.

［70］Dietrich Fischer. Nonmilitary aspects of security：a systems approach. New York：Dartmouth Publishing Company Limited，1993.

［71］Ashok Swain. Understanding emerging security challenges：threats and opportunities. New York：Routledge，2013.

［72］Joseph J. Romm. Defining national security：the nonmilitary aspects. New York：Council on Foreign Relations，Inc.，1993.

［73］Norrin M. Ripsman，T. V. Paul. Globalization and the national security state. Oxford New York: Oxford University Press, 2010.

[74] Mathew J. Burrows, Jennifer Harris. Revisiting the future: geopolitical effects of the financial crisis. The Washington quarterly, 2009 (4).

[75] National Intelligence Council (NIC). Global trends 2025: a transformed world, 2008 (9).

[76] Christopher Layne. The waning of US hegemony-myth or reality?, International security, 2009 (1).

[77] Greenoughm G, et al. The potential impacts of climate variability and change on health impacts of extreme weather events in the United States. Environmental health perspectives, 2001 (5).

[78] Robert Keohane. Neorealism and its critics. New York: Columbia University Press, 1986.

[79] Terje Aven, Ortwin Renn. Risk management and governance: concepts, guidelines and applications. New York: Springer-Verlag Berlin Heidelberg, 2010.

[80] Emanuel Adler, Michael Barnett. Security and communities. New York: Cambridge University Press, 1998.

[81] Ian Goldin, Mike Mariathasan. The butterfly defect. Princeton: Princeton University Press, 2014.

[82] Hans De Smet, Patrick Lagadec, Jan Leysen. Disasters out of the box: a new ballgame?. Journal of contingencies and crisis management, 2012 (3).

图书在版编目（CIP）数据

国家安全体系和能力现代化研究/王宏伟著．-- 北京：中国人民大学出版社，2022.9
（中国式现代化研究丛书/张东刚，刘伟总主编）
ISBN 978-7-300-30903-3

Ⅰ．①国… Ⅱ．①王… Ⅲ．①国家安全-研究-中国 Ⅳ．①D631

中国版本图书馆 CIP 数据核字（2022）第 143795 号

中国式现代化研究丛书
张东刚 刘 伟 总主编
国家安全体系和能力现代化研究
王宏伟 著
Guojia Anquan Tixi he Nengli Xiandaihua Yanjiu

出版发行	中国人民大学出版社		
社　　址	北京中关村大街 31 号	**邮政编码**	100080
电　　话	010－62511242（总编室）		010－62511770（质管部）
	010－82501766（邮购部）		010－62514148（门市部）
	010－62515195（发行公司）		010－62515275（盗版举报）
网　　址	http://www.crup.com.cn		
经　　销	新华书店		
印　　刷	涿州市星河印刷有限公司		
开　　本	720 mm×1000 mm　1/16	**版　　次**	2022 年 9 月第 1 版
印　　张	15.75 插页 2	**印　　次**	2025 年 1 月第 7 次印刷
字　　数	169 000	**定　　价**	52.00 元